Noch mehr Sketche

Horst Pillau

Noch mehr Sketche

Heitere Szenen zum Nachspielen

Möller
VERLAG

Bitte beachten Sie unseren Hinweis auf weitere Sketchtitel im Möller-Programm am Ende dieses Buches.

Die Deutsche Bibliothek – CIP-Einheitsaufnahme

Pillau, Horst:
Noch mehr Sketche : heitere Szenen zum Nachspielen / Horst Pillau. – Niedernhausen/Ts. : Möller, 1996
ISBN 3-8159-0036-0

ISBN 3 8159 0036 0

Umschlaggestaltung: Andreas Jacobsen
Titelbild: Karl-Heinz Brecheis, München
Zeichnungen: Frank Hoffmann, Ober-Olm
Layout: Nikolai Krasomil, Wiesbaden
Redaktion: Thomas Wieke
Herstellung: Petra Becker

Satz: DM-SERVICE Mahncke & Pollmeier oHG, Rodgau
Druck: Neuwieder Verlagsgesellschaft mbH, Neuwied

817 2635 4453 6271

Inhalt

Inhalt

Kapitel 5   Ganz schön irre Typen

KAPITEL 1

Alltag heute

Na dann, Mahlzeit!

Zeller
Dünnbier

Dünnbier und Zeller haben sich gerade getroffen.

Zeller: Lange nicht gesehen, was?! Wir müßten endlich mal wieder zusammen essen gehen!

Dünnbier: Wie wär's gleich mit heute abend?

Zeller: Prima! Aber wohin?

Dünnbier: *(deutet hinüber)* Na, gleich in das ungarische Lokal schräg gegenüber?

Zeller: *(unbehaglich)* Lieber nicht! Die sollen neuerdings Blei im Paprika haben!

Dünnbier: *(befremdet)* Blei? Das muß doch schwer im Magen liegen! Dann vielleicht in das Steakhaus in der Dingsstraße drüben ...

Zeller: Ausgeschlossen. Da wird die argentinische Lende aus Känguruhfleisch hergestellt.

Dünnbier: Vielleicht schmeckt das gar nicht so schlecht?!

Zeller: *(düster, abwinkend)* Den Rest hab ich meiner Katze mitgebracht. Danach hatte die drei Tage Magenverstimmung!

Dünnbier: Dann lieber nicht. Unser Kater ist auch so empfindlich. *(deutet die Straße entlang)* Aber hundert Meter weiter … das gemütliche kleine Lokal …

Zeller: *(winkt ab)* Ausgeschlossen. Da hab ich Silberfischchen in der Küche gesehen.

Dünnbier: Na prima! Fisch ess' ich sehr gerne!

Zeller: Nein! Silberfischchen! Das ist Ungeziefer! Eine Art Küchenschaben.

Dünnbier: *(bange)* Also dann lieber nicht. Und in dem um die Ecke … drüben, hinter der Bank …

Zeller: *(schüttelt den Kopf)* Auch nicht mein Fall. Schimmel. Alles Schimmel.

Dünnbier: Also gegen Pferdefleisch ist ja nichts einzuwenden –

Zeller: Wieso Pferd? Die Vorräte waren verschimmelt! Das Lokal ist geschlossen!

Dünnbier: *(sichtlich enttäuscht)* Ach so. Schade. Und dieses Wachauer Weinlokal …

Zeller: Ach, die den Skandal mit dem Glykolwein hatten?

Dünnbier: *(klagend)* Sie machen einem aber auch Mut! Und dieses rustikale Bierlokal, hinter dem Bahnhof?

Zeller: *(murmelt)* Noagerl.

Dünnbier: Wie?

Zeller: Noagerl. Da werden die Bierreste aus den hinausgetragenen Gläsern zusammengeschüttet. Neun Reste ergeben ein neues Bier.

Dünnbier: Das möchte ich doch lieber nicht. Ich gebe zu, man soll Lebensmittel nicht vergeuden, aber ein eigenes Bier will ich schon haben! Wie wäre es denn mit dem neuen Restaurant im Einkaufszentrum?

Zeller: Mag ich nicht. Die haben immer Schnecken im Salat!

Dünnbier: Wieso? Das ist doch ein vegetarisches Restaurant!

Zeller: Trotzdem. Beim dritten Mal habe ich sogar geklagt. Aber das Gericht meint, die Unzumutbarkeit rechtfertigt nicht eine Minderung für das schon Verzehrte.

Dünnbier: Naja, Schnecken gelten ja auch als Delikatesse! Da haben Sie doch geradezu ein Schnäppchen gemacht!

Zeller: *(ärgerlich)* Schnecken esse ich nur, wenn ich sie auch bestelle!

Dünnbier: *(zaghaft)* Naja, dann vielleicht dieses preiswerte Restaurant, im Hochhaus an der …

Zeller: Danke! Danke! Da bestand das angeblich frisch gemachte Essen aus Tiefkühlkost!

Dünnbier: Tiefkühl … das werden sie doch hoffentlich warm gemacht haben!

Zeller: Das schon! Aber es war nicht frisch zubereitet.

Dünnbier: Also Tiefkühlkost kann sehr gut schmecken.

Zeller: Das war ja nicht das Schlimmste. Ich bin natürlich in die Küche gestürzt. Leider habe ich noch die Packung gefunden.

Dünnbier: *(besorgt)* Na und?

Zeller: Darauf stand: Verfallsdatum 1. 9. 1983

Dünnbier: *(denkt nach)* Hm ... was bleibt denn noch ... dieses nette Etagenrestaurant gegenüber der Kirche ...

Zeller: Das ist geschlossen. Da haben sie dreiundzwanzig Gäste mit Salmonellenvergiftung rausgetragen.

Dünnbier: Nein, raus will ich selber gehen. Aber dieses kleine gemütliche Lokal an der U-Bahn-Station ...

Zeller: Das mag ich nicht. Da bin ich eigen. Da geh' ich nicht mehr rein.

Dünnbier: Wieso?

Zeller: Wenn man sich da beschwert, daß es so lange dauert, spuckt einem der Ober in die Suppe.

Dünnbier: Sie verderben einem aber auch den Appetit. Vorletzter Versuch. Das vornehme in der Passage ...

Zeller: Ach das, wo man das Besteck mit der Serviette selbst säubern muß? Ja, das ist sehr nett.

Dünnbier: *(winkt ab)* Letzter Versuch: gehen wir doch zum Chinesen neben dem Blumengeschäft ...

Zeller: Da war Kitekat in der Frühlingsrolle.

Dünnbier: Na prima!

Beide: *(nicken)* Da schicken wir unsere Katzen hin!

(Blackout)

Kinderstars

Herr Scheller
Herr Zeller

**Herr Zeller jongliert einen Berg von
Videokassetten zwischen Händen und Kinn. Er
begegnet Scheller.**

Scheller: Herr Zeller? Was haben Sie denn da?

Zeller: *(fröhlich)* Neue Kinder im Angebot! Muß ich mir alle ansehen!

Scheller: Kinder? Im Angebot?

Zeller: Ja. Da bieten Mütter ihre Kinder an!

Scheller: Da ist ja entsetzlich!

Zeller: Nein, als Schauspieler. Sie sollen vor die Kamera! Shows! Werbung! Serien!

Scheller: *(knurrt)* Naja, einmal im Leben geht ja. Aber wenn sie Pech haben, werden sie Kinderstars!

Zeller: Sie meinen, wenn sie Glück haben. Kinder sind einfach süß. Kinder bringen ihre Einschaltquoten.

Scheller: Ja, und für Quoten tut das Fernsehen alles.

Zeller: Was haben Sie denn dagegen? Kinder spielen. Auch vor der Kamera, als Schauspieler. **Spielen,** Herr Scheller, ist das ureigenste Element der Kinder.

Scheller: Aber nicht **Schauspielen.** Dieses Spielen ist
Schwerarbeit.

Zeller: Ist ja zeitlich begrenzt! Da paßt das Jugendamt
schon auf.

Scheller: Aber wenn sie professionelle Kinderstars werden,
werden sie kleine Erwachsene. Unerträglich!

Zeller: Das merkt man doch nicht auf dem Bildschirm! Da
sind sie weiter süß! Ich sage Ihnen, unsere neue
Playbackshow ... Placido Domingo singt und ein
Kind macht dazu den Mund auf ... das wird der
Heuler. Das bringt eine Million Zuschauer mehr.

Scheller: Ja. Kinder spielen erwachsene Schauspieler immer
an die Wand. Wenn ein Kind mitspielt, ist der
erwachsene Schauspieler wie weggepustet. Vom
Kinde verweht.

Zeller: Da sehen Sie mal. Diese Wirkung muß man doch
ausnutzen!

Scheller: Spielen ist kein Kinderspiel! Dazu muß man im allge-
meinen in die Schauspielschule!

Zeller: Sehen Sie! Und Kinder können das von alleine! Oh
selig, oh selig, ein Kind noch zu sein! Kinder! Die
machen den Kies! Die kassieren die Kohle! Die bringen ihren Eltern Moos! Zaster! Mäuse!

Scheller: Dafür haben sie bald keine Freunde mehr! Nur
Bewunderer!

Zeller: Fans sind etwas Wunderbares.

Scheller: Ja. Und die Kinder müssen Autogramme geben,
bevor sie schreiben können.

Zeller: Na, Sie sind vielleicht ein Muffel. Strahlende Kinder-
augen vor der Kamera und vor dem Bildschirm …
das ist doch zutiefst menschlich!

Scheller: Dafür opfern sie ihre Kindheit. Ihr Privatleben. Und
oft ihre Zukunft.

Zeller: Wenn sie bombig Geld machen?

Scheller: Irgendwann sind sie keine Kinder mehr.

Zeller: Piepegal! Kinder, die im Geschäft sind, verdienen
bombig! Mehr im Monat als Papa im Jahr!

Scheller: Und dann geben die Kinder ihren Eltern
Taschengeld.

Zeller: *(gerührt)* Das ist doch wundervoll! Noch ein Kind
und schon Ernährer der Familie.

Scheller: Ja. In Indien ist Kinderarbeit ja auch weitverbreitet.

Zeller: Das kann man doch nicht vergleichen! Bei dem
Lebensstandard hier! Ich kenne ein Kind, das hat
seinen Eltern einen Wagen geschenkt. Mit Vierrad-
antrieb und Airbag sogar für die Mutter!

Scheller: Ja. Wie das Sprichwort schon sagt.

Zeller: Was sagt das Sprichwort?

Scheller: Hauptsache, man ist gesund, und das Kind hat
Arbeit!

(Blackout)

Haaranalysen

Frau Müller (blond)
Frau Meier (brünett)

Frau Müller und Frau Meier, Einkaufstaschen tragend, begegneten sich auf der Straße. Sie sind schon im Gespräch.

Meier: *(befremdet)* Haaranalysen?

Müller: Ja. Daraus kann man alles ersehen. Einfach alles.

Meier: Das ist ja haarsträubend!

Müller: Gesundheit, Essen, Alkohol, Drogen, Charakter... *(begeistert)* das Haar eines Menschen verrät ihn erbarmungslos.

Meier: *(Pause, denkt nach)* Deshalb wissen Friseure auch alles!

Müller: Ja. Haare sind die grausamsten Belastungszeugen. Aus ihnen kann man haarklein alles ersehen, was der Mensch getan hat.

Meier: *(entrüstet)* Da kann man ja nicht einmal ungestraft einen Mord begehen!

Müller: So ist es. Dann hängt das Schicksal an einem Haar!

Meier: Das ist ja zum Haareraufen. Da wäre ja eine Glatze am besten.

Müller: Oder eine Perücke. Aus ihr ersieht man so gut wie nichts. Aber lassen sie nur ein einziges Haar am Tatort … schon hängt alles an einem Haar.

Meier: Und wenn man sich die Haare wäscht?

Müller: Das nützt nichts. Die Beweise stecken innen im Haar.

Meier: *(angstvoll)* Auch wenn man ganz dünne Haare hat?

Müller: Auch dann.

Meier: *(denkt nach)* Na gut, ich morde ja nicht.

Müller: *(etwas boshaft)* Naja, in Etappen schon.

Meier: Wieso?

Müller: Sie haben Haare auf den Zähnen. Damit setzen Sie Ihrem Mann ganz schön zu.

Meier: Ja, das ist wahr. Na, irgendwie muß man sich ja behaupten. Aber ein Cognac mehr oder weniger …

Müller: *(düster)* Jedes Glas kann man Ihnen nachweisen, Frau Meier, jedes Glas … im Haar.

Meier: *(fährt sich unwillkürlich an den Kopf)* Da stehen einem ja die Haare zu Berge! *(beklommen)* Jedes Glas! Im Haar! Dabei dachte ich, was man trinkt, geht nach unten …

Müller: Nach der Analyse nicht. Eigentlich kann man sagen: lebe so, daß man dir unbesorgt auf den Kopf schauen kann.

Meier: *(kopfschüttelnd)* Gut, daß mein Mann vor der Hochzeit kein Haar von mir hat analysieren lassen. *(traurig, kleinlaut)* Ich nehme mir ja immer vor, besser zu werden … zum Haares … ich meine, zum Jahreswechsel … aber dann kommt der Alltag … man kriegt sich doch wieder in die Haare … man muß Haare lassen … und findet überall ein Haar in der Suppe. Das Leben läßt kein gutes Haar an einem.

Müller: Leider. Jedenfalls muß man sich sehr vorsehen. Damit einen die Haare nicht bloßstellen.

Meier: *(nickt)* Allerdings. Die Haare verraten einem ja sogar, ob der Mann eine Freundin hat!

Müller: *(versteht nicht)* Wie?

Meier: *(eifersüchtig, böse)* Natürlich. Meiner hat eine! Das hab ich an den Haaren erkannt.

Müller: *(fassungslos)* Durch Haaranalyse?

Meier: *(grausam lächelnd)* Nein. Ich hab sie auf seinem Jackenaufschlag gefunden. Es ist eine Blondine.

(Sie geht Frau Müller an den Hals und beginnt, sie zu würgen.)

(Blackout)

Diese Mischehen!

1. Dame
2. Dame

Die beiden Damen treffen sich im Stadtpark.

1. Dame: Haben Sie schon gehört, Frau Przibylski? Frau Schreiner heiratet einen Ausländer!

2. Dame: *(entsetzt)* Nein! Menschen gibt es, die schrecken vor nichts zurück!

1. Dame: *(lächelt)* Finden Sie das so schlimm?

2. Dame: Na hören Sie! Ausländer! Die reden schon so unverständlich! Eine Unverschämtheit ist das von diesen Leuten!

1. Dame: Aber sie verstehen uns ja auch nicht.

2. Dame: Eben! Eben! Die sollen alle erst mal Deutsch lernen! Ich spreche ja auch nicht ausländisch!

1. Dame: Das könnte Ihnen nicht schaden, Frau Przibylski. Dann würden Sie mehr verstehen.

2. Dame: Wenn diese Leute zu uns kommen, haben sie eine Bringschuld! Im Ausland ist alles so anders als bei uns! Und dann heiraten! Das gibt eine Mischehe!

1. Dame: Das ist doch aber hübsch.

2. Dame: Hübsch? Mischehe! Das klingt doch wie … Misch-pilze! Und Mischpilze kann ich nicht ausstehen! Ein Steinpilz und neunundneunzig Champignons!

1. Dame: Aber Frau Schreiner liebt diesen Mann!

2. Dame: Dann weiß sie noch nicht, was auf sie zukommt! Diese Ausländer… haben so abartige sexuelle Gewohnheiten.

1. Dame: Wie?

2. Dame: Und ob. Zum Beispiel Grönländer. *(leise, mit Abscheu)* Die küssen sich mit der Nase.

1. Dame: Das ist doch ganz niedlich.

2. Dame: Das tut man einfach nicht. Pfui. Ausländer. Gar mit anderer Hautfarbe … wenn ich, Gott soll schützen, etwa einen Schwarzen heirate, und im Zimmer geht das Licht aus, sehe ich den eigenen Partner nicht!

1. Dame: Einen Menschen, den man liebt, sieht man immer, Frau Przibylski. Auch im Dunkeln.

2. Dame: Und dann die Kinder. Halb Deutscher, halb Asiate! Die müssen doch vor Scham vergehen!

1. Dame: Im Gegenteil. Kinder aus Mischehen sind meistens intelligenter.

2. Dame: Na und? Intelligenz ist ja auch nicht das Erstrebens-werteste im Leben. Anständigkeit. Ehrlichkeit. Und vor allem Sauberkeit. Darauf lege ich Wert.

1. Dame: Ausländer sind auch Menschen.

2. Dame: Wirklich?

1. Dame: Bestimmt.

2. Dame: Aber sie kommen von so weit her. Von woanders.

1. Dame: Im Vertrauen, Frau Przibylski. In Ihren Adern fließt auch ausländisches Blut.

2. Dame: Was erlauben Sie sich? Unverschämtheit! Ich verklage Sie, Frau Schmidt! Wegen Verleumdung! Lüge…!!

1. Dame: (lächelt) Aber Frau Przibylski. Das geht schon aus Ihrem Namen hervor. Sehen Sie… Przibylski… das ist ein polnischer Name. Ihre Vorfahren sind irgendwann aus Polen gekommen… vielleicht als Ruhrkumpel, im vorigen Jahrhundert…

2. Dame: (tief getroffen) Ich? Eine Teilpolin? Ausländerin… das vergeb ich mir nie. Was für eine Schande. Ich bringe mich um. Heute noch.

1. Dame: Frau Przibylski. Kopf hoch. Das geht allen Deutschen so. Denken Sie nur an die Völkerwanderung! Oder den dreißigjährigen Krieg! Da hat es hier von Ausländern gewimmelt. Da waren hunderttausende Ausländer in Deutschland!

2. Dame: Was denn – ohne Visum?

1. Dame: Allerdings. Und alle haben sie Kinder hinterlassen.

2. Dame: Wie entsetzlich! Daß das erlaubt ist! (zerbrochen) Ein Skandal.

1. Dame: (liebevoll, helfend) Frau Przibylski –

2. Dame: Ich werde eine Namensänderung beantragen! In meinen Mädchennamen! Kretschmar!

1. Dame: Dann muß ich Ihnen sagen: Kretschmar kommt von Kretscham, die Kneipe. Ein slawisches Wort.

2. Dame: *(schluchzt auf)* Kann man sich denn auf nichts mehr verlassen? Alles bricht zusammen. Meine Welt ist ein Trümmerhaufen.

1. Dame: Außerdem haben Sie nicht nur viel Ausländisches in sich … manchmal sind Sie auch eine Ausländerin.

2. Dame: Ich? Frau Schreiner! Ich verbitte mir solch eine Lüge!

1. Dame: Nein, wirklich! Sie brauchen im Urlaub nur die Grenze zu passieren … nach Österreich … oder Dänemark … schon sind Sie eine Ausländerin. Sie!

2. Dame: *(denkt nach, begreift es dann, nickt)* Tatsächlich. Das überleb' ich nicht. Was für eine Schande. Ich war schon … *(zählt nach)* achtmal im Ausland. Ausländerin. Acht Mal. Ich bringe mich um.

1. Dame: Frau Przibylski –

2. Dame: *(donnert)* Nennen Sie mich nicht mehr mit meinem Namen!!

1. Dame: So trösten Sie sich doch. Fast alle Deutschen waren schon mal Ausländer. Im Urlaub.

2. Dame: Schrecklich. Aber dann muß ich mich nicht umbringen.

1. Dame: Sehen Sie, Frau Przibylski!

2. Dame: *(schreit)* Aber ich fahre nie wieder ins Ausland!

(Blackout)

Aber Herr Doktor!

Doktor
Patient

In einer Arztpraxis.

Doktor: Nun, wie geht es Ihnen, Herr Schulz?

Patient: Schlecht, Herr Doktor! Sehr schlecht! Ich habe ununterbrochen Kopfschmerzen, Herzschmerzen, Knieschmerzen, Halsschmerzen, Bauchschmerzen, Fußschmerzen, Reißen in den Beinen und Stiche in der Brust. Furchtbar! Können Sie mir sagen, was mir fehlt?

Doktor: *(knurrt)* Was soll Ihnen fehlen? Sie haben ja alles!

Patient: Herr Doktor. Sie sind ein Scherzbold. Aber zur Sache, zur Sache. *(blickt auf einen Zettel)* Erst mal brauche ich ein Rezept über Magnesiumtabletten! Gegen die Wadenkrämpfe –

Doktor: *(gequält)* Herr Schulz! Sie wollen so viele Medikamente! Das gibt einen Einzelregreß! Das zieht mir die Kasse vom Arzthonorar ab! Unerbittlich!

Patient: Herr Doktor, wenn Sie mir nicht helfen, gehe ich eben zu Herrn Dr. Müller!

Doktor: *(gequält)* Gut, gut, Sie kriegen Ihre Magnesium-Brausetabletten. Was noch?

Patient: *(sieht sich verschämt um)* Dann brauchte ich eine Großpackung Samson!

Doktor: Samson? Was ist das?

Patient: Die Potenzpillen. Wissen Sie, der Streß, unter dem man steht … Mein Liebesleben geht auf Null zu –

Doktor: *(leidend)* Herr Schulz! Die Krankenkasse zahlt keine Potenzpillen!

Patient: Sie verweigern mir elementarste Lebenshilfe? Dann gehe ich eben zu Doktor Müller!

Doktor: Es ist gut. Sie kriegen Ihre Samson-Pillen, Herr Schulz.

Patient: *(sieht auf einen Zettel)* Und dann Venibon! Das Veneneinreibemittel! Für die Venen!

Doktor: Herr Schulz! Wenn ein Mensch von keinem anderen gestreichelt wird, muß er sich selber streicheln. Mit der Salbe holt er sich nur seine Streicheleinheiten. Das geht über den Mittelwert! Das zieht mir die Krankenkasse vom Arzthonorar ab!

Patient: *(erpresserisch)* Dann geh' ich eben zu Dr. Müller, der verschreibt sie mir!

Doktor: *(seufzt tief)* Gut, Sie kriegen Ihr Venibon. Und was noch?

Patient: *(blickt auf seinen Zettel)* Antimykon! Das Antipilz-mittel! Gegen den Pilz!

Doktor: *(leidend)* Herr Schulz! Sie waren doch erst vorige Woche da! Sie haben gar keinen Fußpilz! Ihr Fuß ist völlig gesund!

Patient: Aber im Rachen! Es gibt ja so viele Pilze! Ich habe Rachitis!

Doktor: *(und herrisch)* Sie haben Rachenpilz? Herr Schulz! Sagen Sie mal ah!

Patient: *(interessiert)* Warum immer „a"? Könnte man nicht mal „b" sagen? Oder „f"? Oder Ypsilon?

Doktor: *(gefährlich)* Sagen Sie jetzt aaahh???

Patient: *(öffnet den Mund)* Aaaaahhh …!

Doktor: *(böse)* Sie haben auch keinen Rachenpilz!

Patient: Dann geh' ich eben zu Dr. Müller!

Doktor: *(wird wütend, abrupt)* Herr Schulz! Haben Sie zu Hause Goldfische?

Patient: *(geht in die Falle)* Nein, Guppys! *(und ängstlich)* Wieso?

Doktor: *(donnert nun wütend)* Herr Schulz! Nun sagen Sie mal die Wahrheit! Sie brauchen Ihr Antipilzmittel für die Aquariumspflege! Damit das Aquarium sauber bleibt!

Patient: *(empört)* Na und? Was soll ich denn machen! Im Laden würde mich das Antimykon zwölf Mark fünfzig kosten …!!

(Blackout)

KAPITEL 2

Deutsche Probleme

Geburtenrückgang

Conferencier
Reporter
Schwester
Oberarzt
Chefarzt
Hebamme

**Der Conferencier spricht vor dem Vorhang.
Dann reißt er persönlich den Vorhang auf. Die
Bühne ist so karg ausgestattet, wie ein Krankenhausflur nur sein kann. Ständiges hektisches
Hin- und Herhasten des medizinischen Per-
sonals vermittelt den Eindruck, daß alle von
den Ereignissen überrollt werden.**

Conferencier: Auch im kommenden Jahr wird die Bundesrepublik
um eine Stadt kleiner! Dabei ist es keinesfalls so,
daß wir einem unserer Anrainerstaaten eine Stadt
abgeben müßten. Es handelt sich vielmehr darum,
daß die Bevölkerungszahl um etwa 240 000 Menschen schrumpfen dürfte. Kurz, wir sind dabei, uns
selbst abzuschaffen. Nach unterschiedlichen Progno-
sen sieht unsere Zukunft etwa so aus: In fünfzig
Jahren soll die Zahl der Bundesbürger auf 32 Millionen schrumpfen. In hundert Jahren soll es sogar nur
noch 15–22 Millionen Einwohner geben. Demnächst
sind wir Erwachsenen unter uns. Und natürlich hat
die Entwicklung einen großen Vorteil: wenn keine
Kinder mehr da sind, kann es ja auch keine Kinder-
feindlichkeit mehr geben. – Machen wir uns klar,
wie es aussehen wird, wenn eine Geburt zur Sensation geworden ist. Vielleicht noch nicht gleich,
aber demnächst einmal…

(Vorhang auf: Krankenhausflur)

Reporter: *(aufgeregt)* Meine Damen und Herren, liebe Hörer, wir sind mit unserem Ü-Wagen zum Städtischen Krankenhaus gefahren. Sensationelle Meldungen haben sich bewahrheitet! Eine Mitbürgerin erwartet ein Baby! Die Niederkunft soll kurz bevorstehen! Vor einer Stunde ist Frau S. eingeliefert worden. Hier im Städtischen Krankenhaus soll ein wirkliches Baby geboren werden, ein sogenanntes Kind, wie wir es aus Büchern und alten Filmen kennen. Vor uns steht Oberarzt Dr. Schmitt, Herr Dr. Schmitt, welche Schritte haben Sie unternommen, um eine erfolgreiche Entbindung zu gewährleisten?

Oberarzt: Nun! *(sehr nervös)* Also äh, nun … wir haben natürlich sofort eine Entbindungsabteilung eingerichtet! Bis vor zwanzig Jahren haben solche Abteilungen in diversen Krankenhäusern bestanden, aber dann sind sie peu à peu zugunsten geriatrischer Abteilungen aufgelöst worden. Als erstes habe ich Schwester Babsi, die jüngste und flexibelste unter den Schwestern, zur Stationsschwester ernannt.

Reporter: Schwester Babsi, wie bereiten Sie sich auf Ihre schwere Aufgabe vor?

Schwester: Tja … ich lese natürlich in Lehrbüchern nach, wie so etwas vor sich geht … ich beruhige die Frau … wenn ich mich nicht täusche, haben aber schon die sogenannten Wehen eingesetzt …

Reporter: Und hier ist auch der Chefarzt des Neuköllner Krankenhauses herangeeilt, Herr Prof. Neumayer … Herr Professor, wie beurteilen Sie die Situation?

Chefarzt: Ogottogott … Ogottogott …

Reporter: Der Chefarzt ist augenblicklich zu erregt. Herr Dr. Schmitt, was unternehmen Sie?

Oberarzt: Wir lassen über Rundfunk und Fernsehen sowie durch die Polizei eine Hebamme suchen, eine sogenannte Geburtshelferin. Gerüchten zufolge soll es noch eine Vertreterin dieses ausgestorbenen Berufs geben, die sich möglicherweise an ihre frühere Tätigkeit erinnert. Sie wird gerade aufgespürt.

Reporter: Ein Wettrennen mit der Zeit also. Herr Prof. Neumayer, werden Sie diesen Wettlauf gewinnen?

Chefarzt: Ogottogott ... Ogottogott ...

Reporter: Die glückliche Geburt eines Kindes wäre eine Sensation für unsere Stadt, die ja noch überalterter ist als andere. Delegationen und wissenschaftliche Abordnungen aus allen Städten der Bundesrepublik und Westeuropas sind hierher unterwegs, um das Ereignis an Ort und Stelle mitzuerleben. Aber wenn die Hebamme nicht kommt?

Chefarzt: Ogottogott ... Ogottogott!

(Martinshorn, heranrasender Wagen)

Reporter: Da! Da kommt die gesuchte Hebamme! Das Drama um neues menschliches Leben kann also noch einen positiven Ausgang haben! Zwei Polizisten zerren die alte Dame aus dem Funkwagen, packen sie unter den Armen und schleppen sie die Treppe zum Krankenhausportal hinauf. Schwester Babsi, wie ist die Entbindung vorbereitet worden?

Schwester: Meines Wissens braucht man heißes Wasser dazu ... wir haben heißes Wasser genug ... außerdem haben wir auf dem Dachboden ein sogenanntes Kinderbett gefunden ... ein sehr kleines Bett also ... es ist desinfiziert und in das Krankenzimmer ... äh, in das Zimmer der werdenden Mutter gestellt worden ...

Reporter: Und da erscheint die Hebamme, sie wird herange-
schleift … guten Tag, Frau …

Hebamme: Haslinger, Aglaja Haslinger …

Reporter: Wie alt sind Sie?

Hebamme: 79, aber ich habe die Kraft der zwei …

Reporter: Trauen Sie sich zu, Ihren Beruf wieder auszuüben?

Hebamme: Nun ja … vor vierzehn Jahren hatte ich die letzte
Geburt … aber natürlich vergißt man nicht, was man
ein Leben lang gemacht hat … ich hoffe also, daß
alles gut geht …

Chefarzt: Ogottogott!

Reporter: Und nun, liebe Hörer, begibt sich Frau Aglaja Has-
linger, eine tapfere alte Dame, festen Schrittes in das
Entbindungszimmer. Schwester Babsi öffnet die
Tür … *(Babyschreien)*

Reporter: Da! Da! Sogenanntes Babyschreien! Ein Kind ist
geboren! Ein kleiner Berliner oder eine Berlinerin!!
Frau Haslinger, was ist es denn nun??!!

Hebamme: Ich werde hineingehen und das Geschlecht des
Kindes zu identifizieren versuchen.

Reporter: Ja, darauf sind wir gespannt! Herr Chefarzt, was ist
Ihr Kommentar zu dem freudigen Ereignis, zu dem
wir Ihnen gratulieren?

Chefarzt: *(heilfroh)* Ogottogott! Ogottogott!

(Blackout)

Das Östrogenkalb

Reporter
Jonathan

Die Szene ist ein Kuhstall; Muhen. Jonathan als Kalb verkleidet.

Reporter: Bitte schneiden, bitte schneiden.

Jonathan: Muh... machen Sie schnell. In zehn Minuten kommt der Bauer mit der Abendspritze.

Reporter: Jonathan, was sagen Sie als Östrogenkalb zu Ihrer Aufzucht?

Jonathan: Gut, daß Babys noch zu dumm sind, um zu wissen, womit sie gefüttert werden.

Reporter: Sie werden also sozusagen medikamentös gemästet...

Jonathan: Das geht auf keine Kuhhaut.

Reporter: *(verwundert)* Bekommen Sie denn außer den Östrogenspritzen...

Jonathan: Lassen Sie mich nachdenken. Morgens mein Kreislaufmittel, damit ich nach den Schlaftabletten in Schwung komme. Ich schlaf´ nachts nicht besonders gut...

Reporter: Und sonst?

Jonathan: Bei Bedarf meine Kopfschmerztabletten. Die schmecken prima. Da drüben im Trog liegen sie. Wollen Sie mal kosten?

Reporter: Ein anderes Mal.

Jonathan: Dann mein Magenmittel, bei Magenverstimmung, ich habe einen sehr labilen Magen, müssen Sie wissen.

Reporter: Und sonst?

Jonathan: Die Medikamente gegen Medikamentenvergiftung.

Reporter: Ist das alles nicht sehr ungesund?

Jonathan: Kommt es darauf an? Ich habe sowieso keine sehr hohe Lebenserwartung.

Reporter: Ja, und können Sie sich nicht irgendwie wehren…

Jonathan: Wehren sich die Menschen vielleicht gegen das, was sie vorgesetzt kriegen? Ich kann nur sagen: Gut, daß ich mich nicht essen muß.

Reporter: Eine Frage noch, Jonathan: Wie oft kommen Sie denn hinaus, auf die Wiese zum Grasfressen?

Jonathan: Wiese? Gras? Was ist das?

(Musikbrücke)

(Blackout)

Die zwei deutschen Sprachen

 Sekretärin
Redakteur
Volontär

 **Der Redakteur sitzt hinter seinem Schreibtisch, die Sekretärin kommt herein und bringt ihm eine Personalakte.**

Sekretärin: Herr Meier, der neue Volontär ist da!

Redakteur: Schicken Sie mir'n rein. Woher kommt der Junge?

Sekretärin: Er ist ein Kubaner puertoricanischer Herkunft, der bis zur Wende beim SED-Blatt Neues Deutschland volontiert hat.

Redakteur: *(seufzt)* Au, das wird schwer. Kann er denn schon Deutsch?

Sekretärin: Doch, eigentlich sehr gut. Nur ein bißchen anders.

Redakteur: Anders? Wieso anders? Also, soll reinkommen, Fräulein Berger.

Sekretärin: Bitte, Herr Ramirez!

Volontär: *(nur wenig Akzent)* Guten Tag, Herr Meier!

Redakteur: Guten Tag. Bitte, nehmen Sie Platz. Warum sind Sie zu uns gekommen?

Volontär: Naja, drüben in Ostdeutschland sind die Ausländer nicht so beliebt.

Redakteur: „Drüben" gibt's nicht mehr. Das ist alles ein Land.

Volontär: Ja, das denken Sie.

Redakteur: Immerhin sprechen Sie schon recht ordentlich Deutsch. Wie stellen Sie sich Ihre Arbeit hier vor?

Volontär: *(lebhaft)* Ich will mit den anderen Genos... Kollegen eine rege Wettbewerbstätigkeit entfalten. Meine Arbeit soll Weltniveau haben. Ich will mein Plansoll immer vorzeitig erfüllen.

Redakteur: *(seufzt)* Gut, gut. Das kriegen wir noch weg. Warum wollen Sie Journalist werden?

Volontär: Erstmal will ich in Selbstverpflichtung zur Erhöhung meines Lebensstandards beitragen. Dann will ich versuchen, bei meiner Arbeit Neuerermethoden zu entwickeln. Und journalistisch werde ich immer gegen rückschrittliche Elemente kämpfen, die einen reaktionären Kurs verfolgen!

Redakteur: Hm, hm... damit liegen Sie bei uns noch nicht ganz voll im Trend, aber das wird sich noch geben. Wie würden Sie denn den Begriff der Wahrheit definieren?

Volontär: Wahrheit ist, was die Leute hören sollen!

Redakteur: *(ärgerlich)* Falsch! Das war das Menschenverachtende an der SED-Presse! Wahrheit ist, was die Leute hören wollen! Merken Sie sich das!

Volontär: Claro, Chef. Ich werde da neue Perspektiven entwickeln.

Redakteur: Wie wär's, wenn wir Sie zuerst in die Lokalredaktion schickten?

Volontär: Gerne! Ich werde über die Verwirklichung baulicher Planziele berichten, erfolgreiche Verkaufskollektive ausfindig machen und über die betriebliche Güte-kontrolle schreiben –

Redakteur: *(bekümmert)* Das ist ein bißchen überholt.

Volontär: Ich will den Pessimisten neue Perspektiven geben, ich will als Journalist die staatlichen Organe überwa-chen, damit sie ihre Verpflichtungen voll erfüllen!

Redakteur: *(seufzt)* Erringung, Errichtung, Erreichung, Verpflich-tung! Mann, was ist das nur?

Volontär: *(traurig)* Ist das nicht die richtige Losung?

Redakteur: Nein! Das ist Nonsens! Sie müssen Ihr Input verstär-ken, damit das Output besser wird! Lesen Sie mehr, damit Sie fit werden! Hier wird deutsch geredet, okay?

Volontär: Okay, Chef.

Redakteur: Unser Blatt hat 4,4 Millionen Auflage. Da müssen Sie schon im Deutschen firm sein, wenn Sie sich set-teln wollen. Deutsch ist sehr schwer. Passen Sie gut auf. – Was ist ein Leerer, mit zwei „e"?

Volontär: *(denkt nach)* Ein Bewohner der Stadt Leer in Ostfriesland.

Redakteur: Spitze! Fabelhaft! Und ein Lehrer mit „h"?

Volontär: *(denkt nach)* Ein Klassenfeind.

Redakteur: *(seufzt)* Da geht noch Verschiedenes durcheinander. Nun zur Allgemeinbildung. Wie heißt das Gebirge bei Frankfurt am Main?

Volontär: Taurus!

Redakteur: *(erschrocken)* Falsch! Taunus! Taunus! Taurus ist kein Gebirge, sondern eine gewisse Filmgesellschaft … sagen Sie das nie wieder. Weiter. Wie hat sich Kaiser Wilhelm der Zweite gern nennen lassen?

Volontär: Der Brandenburger Tor!

Redakteur: Nein!! Wilhelm der Große! Analog zu Friedrich dem Großen! Wer war Friedrich der Große?

Volontär: Der Urgroßvater des Bundeskanzlers!

Redakteur: Richtig. Wer ist Peter Boenisch!

Volontär: Ein Kommunist!

Redakteur: Nein! Nein! Ein Kolumnist! Ko-lum-nist! Im Deutschen kommt es auf jeden Buchstaben an! Wie heißen die drei Eisheiligen?

Volontär: Mamertus, Pankratius und –

Redakteur: *(glücklich)* Richtig!! Ausgezeichnet! Bravo, junger Mann! Lesen Sie unsere Zeitung?

Volontär: Natürlich!

Redakteur: Nennen Sie mir einen jungen weiblichen Eislaufstar, der oft in den Schlagzeilen war, spricht sächsisch, früher DDR…?

Volontär: *(denkt nach)* Äh … hab ich auf der Zunge …

Redakteur: *(hilft)* Sie fängt mit Katharina an!

Volontär: *(strahlt)* Katharina Blum!

Redakteur: Katharina Witt!!

Volontär: Ja, natürlich!

Redakteur: Als Lokalreporter müssen Sie etwas über das gute alte, versunkene Berlin wissen. Wie hießen die Straßen hier in der guten alten Zeit?

Volontär: Otto Grotewohl-Straße, Wilhelm-Pieck-Straße, Karl-Liebknecht-Straße …

Redakteur: Nein …!! Kochstraße! Zimmerstraße! Markgrafen-straße! Jerusalemer Straße! Nun, das schaffen wir schon. Fräulein Berger wird Sie nun in Ihr Zimmer führen, was tun Sie dort als Erstes?

Volontär: Ich schraube die Telefonmuschel auf und sehe nach, ob eine Wanze darin ist!

(Blackout)

Interview mit Fontane

Nach Original-Zitaten

Reporter
Theodor Fontane

Fontane, in möglichst guter Maske (zumindest nach Porträt frisiert) und im Gehrock, steht dem Reporter gegenüber.

Reporter: Herr Fontane, Sie sind nun durch das Berlin von heute spaziert und haben sich ein Bild von der Stadt und ihren Problemen gemacht. Was sagen Sie zum Straßenverkehr und zum drohenden Verkehrsinfarkt? Was fällt Ihnen ein, wenn Sie auf einer Verkehrsinsel stehen und die lärmenden und stinkenden Autos rasen an Ihnen vorüber?

Fontane: Am Waldessaume träumt die Föhre, Am Himmel weiße Wölkchen nur, Es ist so still, daß ich sie höre, Die tiefe Stille der Natur.

Reporter: Das kann ich mir vorstellen. Sie kennen den Kampf um den Sitz der Bundeshauptstadt. Sind Sie auch, wie viele Bonn-Befürworter, der Ansicht, das sei aus machtpolitischen Gründen gefährlich? Glauben Sie, daß Berlin einmal zur Bedrohung für die Welt werden könne?

Fontane: Wer sieht in die Zukunft? Aber alles ist Wahrscheinlichkeitsrechnung, und zu dem Unwahrscheinlichsten von der Welt gehört eine Gefahr von Berlin oder Potsdam her.

Reporter: Millionen fliegen zum Urlaub ans Mittelmeer oder auf die Kanarischen Inseln, die Mark Brandenburg und die Ostsee werden von den Urlaubern noch sehr mäßig frequentiert. Wie stehen Sie dazu?

Fontane: Rom im Siebenhügelkranz, Cremmen, Schwante, Vehlefanz, Nemi-See, Genzano-Sträußchen, Stralau, Treptow, Eierhäuschen, Blick aufs Forum, Ara Celi, Tasse Kaffee bei Stehely, lockt auch Fremde, Schönheit, Pracht, glücklicher hat mich die Heimat gemacht.

Reporter: Wie stehen Sie überhaupt zum heutigen Massentourismus und seinen Auswüchsen?

Fontane: Wer auf den Großglockner raufklettert oder drei Stunden auf dem Wasser ist, um Seehunde zu schießen, der kommt sehr vergnügt von einer Sommerfrische zurück, deren Frische für ihn überhaupt nicht nötig war.

Reporter: Sie bezweifeln den Wert des Tourismus?

Fontane: *(nickt)* Viele können im Gebirge nicht schlafen, andere an der See. Die meisten kriegen an der See Cholerine-Zustände und brauchen im Gebirge Strahlsche Pillen. Dabei das furchtbare Gasthofselend. Um 12 Uhr kommt der letzte Zug. Trampeln, Stiefelschmeißen. Um vier Uhr geht der erste Zug: Klingeln, Wecken, Türenschmeißen. Wer mir sagt, daß das schön sei, mit dem brech' ich die Unterhaltung ab.

Reporter: *(lächelnd)* Sie reisen nicht gern?

Fontane: Mit Grauen denke ich an fast alle meine Reisen zurück. Am besten ist es mir in der Gefangenschaft ergangen.

Reporter: Sie haben sicher bemerkt, daß wir in einem sehr materialistischen Zeitalter leben, einer Ellenbogengesellschaft: viel verdienen, Geld machen, gilt als das Höchste. Wie denken Sie darüber?

Fontane: Gute Verdauung ist besser als eine Million.

Reporter: Herr Fontane, Sie, gerade Sie, muß es berühren, wenn Sie die Verwüstungen sehen, die die DDR hinterlassen hat. Tote Flüsse, verseuchter Erdboden, vergiftete Luft. Was sagen Sie dazu?

Fontane: Vor hundert Jahren gab es soviel Krebse, daß sie durchs ganze Bruch hin, wenn sich im Mai das Überschwemmungswasser wieder verlief, von den Bäumen geschüttelt wurden, zu vielen Hunderttausenden. Die Krebse waren so verhaßt, daß es verboten war, dem Gesinde mehr als dreimal wöchentlich Krebse vorzusetzen.

Reporter: Wie stehen Sie zu der Schuld, die Zehntausende als Stasi-Angehörige oder Informanten auf sich luden? Soll man die Stasiverbrechen verfolgen oder nicht?

Fontane: Schuld, wenn sie überhaupt was ist, ist nicht an Ort und Stelle gebunden und kann nicht hinfällig werden von heute auf morgen. Schuld verlangt Sühne. Das hat einen Sinn.

Reporter: Aber –

Fontane: Es muß eine Verjährung geben, Verjährung ist das einzig Vernünftige.

Reporter: Unsere Zeit, hundert Jahre nach der Ihren, hat viel Entsetzliches und Unbegreifliches. Während des Golfkrieges zu Anfang dieses Jahres konnte man gemütlich beim Abendessen auf dem Bildschirm –

(für Fontane) dem sogenannten Fernseher, Schlachten, Vernichtungsszenen, Tod en masse sehen, beim Vernichtungskampf gegen die Kurden, in Kroatien ...

Fontane: Eigentlich ist eine Schlacht wie die andere – ein Knall, eine Feuersäule, und alles geht in die Luft. *(ironisch)* Es muß übrigens großartig sein und entzückend für alle, die zusehen können. Ein wundervoller Anblick.

Reporter: Der Krieg aber ist heutzutage geächtet, die Vereinten Nationen versuchen regionale Kriege zu beenden, die Okkupation des Kuwait wurde nicht hingenommen – wie finden Sie diese Entwicklung?

Fontane: Der hier angedeutete Werdeprozeß vollzieht sich, wohin man blickt, in der ganzen Welt, und es ist ein ungeheurer Segen, daß er sich vollzieht. Die Konquestadorenzeit, wo zwanzig Räuber, weil sie Knallbüchsen hatten, viel gesittetere Leute auf den Rost legten – diese brutale Zeit ist vorbei, und gerechtere Tage brechen an.

Reporter: Was sagen Sie zum wirtschaftlichen Zusammenbruch in der ehemaligen Sowjetunion?

Fontane: Ja, der Russ, ja der Russ hat uns gezeigt, wie man's machen muß. Im ganzen Kremmel nicht eine Semmel. Und auf den Hacken immer nur Hunger und Kosaken.

Reporter: Auch Rußland will abrüsten. Wie stehen Sie zur Abrüstung?

Fontane: Alle militärischen Anstrengungen kommen mir vor, als ob man anno 1400 alle Kraft darauf gerichtet hätte, die Ritterausrüstung kugelsicher zu machen – statt dessen kam man aber schließlich auf den einzigen richtigen Ausweg, die Rüstung ganz fortzuwerfen. Es ist unausbleiblich, daß sich das wiederholt; die Rüstung muß fort, und ganz andere Kräfte müssen an die Stelle treten: Geld, Klugheit, Begeisterung.

Reporter: Sie glauben an die Zukunft? Was brauchen wir?

Fontane: Wir brauchen einen ganz anderen Unterbau. Vor diesem erschrickt man. Aber wer nicht wagt, nicht gewinnt. Daß Staaten an einer kühnen Umformung, die die Zeit erforderte, zu Grunde gegangen wären – dieser Fall ist sehr selten. Ich wüßte keinen zu nennen. *(überlegt)* Aber das Umgekehrte zeigt sich hundertfältig.

Reporter: Sie meinen die DDR und ihre Unfähigkeit zur Wandlung. Liegt oder lag das am Kommunismus oder an den Deutschen?

Fontane: Die Deutschen haben ein gewisses brutales Talent zum Regieren. Das Regieren ist ein grobes Geschäft.

Reporter: Apropos: Was halten Sie vom Bundeswirtschaftsminister?

Fontane: Weil er wie ein Mann aussieht, so hält er sich auch dafür. Aber er ist bloß ein schöner Mann, was meist so viel bedeutet wie gar keiner.

Reporter: Bundeskanzler Kohl hat sich für Berlin entschieden. Hätten Sie keine Angst um die Zukunft von Bonn am Rhein?

Fontane: Ach, ich möchte beinahe sagen, es ist überhaupt kein Unterschied zwischen einem Dorf und einer Residenz. Überall wohnen Menschen und hassen und lieben sich.

Reporter: Die Ehe ist eine Institution in der Krise. Immer mehr Leute lassen sich scheiden. Der Kanzler und seine Frau sind aber immer ein Herz und eine Seele, strahlen Harmonie aus. Wie beurteilen Sie diese Ehe?

Fontane: Ich höre so gern von glücklichen Ehen, namentlich in der Obersphäre der Gesellschaft, und ich möchte dabei bemerken dürfen, es scheint mir eine törichte Annahme, daß auf den Höhen der Menschheit das Eheglück ausgeschlossen sein solle.

Reporter: Das timing der deutschen Einheit, das Überwinden aller Schwierigkeiten wird als grandiose Leistung des Kanzlers gewertet. Was sagen Sie dazu?

Fontane: Das bißchen Deutschland zusammenzuschweißen, das lag an der Zeit, das will nicht viel heißen.

Reporter: Helmut Kohl wird immer wegen der Reden, seiner Wortwahl, seines Stils kritisiert …

Fontane: Die trivialsten Sätze sind immer die richtigsten.

Reporter: Sollte er sich bei der nächsten Bundestagswahl wieder stellen?

Fontane: Er müßte doch eigentlich denken: **Ich** habe meine Zeit gehabt, jetzt sind die andern dran.

Reporter: Herr Fontane, eine letzte Frage: Helmut Kohl neigt zur Fülle, er macht immer Sommerfrische am Wolfgangsee, um mühselig abzuspecken, aber kurz danach hat er wieder sein Übergewicht erreicht. Was würden Sie ihm empfehlen?

Fontane: Wanderungen durch die Mark Brandenburg.

(Blackout)

Im Zeitalter der Raumfahrt

Unser Mann auf der Venus

Reporter
Venusier

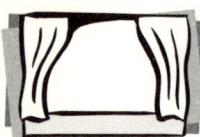

Prospekt einer Venus-Landschaft. Davor, mit Mikro, der Reporter, ihm gegenüber ein Venusier, in Phantasiekleidung, sonst aber wie ein normaler Mensch aussehend.

Reporter: Geschafft, geschafft, liebe Fernsehteilnehmer, wir stehen auf der Venus. Und da kommt auch schon wie gerufen ein Venusier. Die Venusier sollen ja nach ersten Berichten ein altes Kulturvolk sein – guten Tag, Sie sprechen Deutsch?

Venusier: Wir sprechen alle Sprachen.

Reporter: Sie sehen … wirklich ein Kulturvolk. Sie sind auch … ich möchte nicht indiskret sein … in etwa so gebaut wie ein Erdenmensch?

Venusier: *(lächelnd)* Genauso. Wir Venusier essen nicht mit den Ohren und hören nicht mit der Nase. Es ist alles dasselbe …

Reporter: Alles dasselbe!

Venusier: Ja. Sogar unsere Babys kommen nicht aus der Retorte.

Reporter: Wie schön, wie erfreulich. Sagen Sie bitte, ist Ihr Leben dem unseren vergleichbar? Haben Sie zum Beispiel Kriege?

Venusier: Kriege? Was ist das? Wozu dient das?

Reporter: Das läßt sich so schnell nicht erklären. Etwas anderes: haben Sie Musicboxen? Halbstarke? Jugendkriminalität?

Venusier: Halb-star-ke ... Kri-mi-na-li-tät ... was bedeuten diese Worte?

Reporter: *(befremdet)* Hm ... leiden Sie wenigstens unter Zivilisationsschäden? Illustrierten? Neurosen?

Venusier: Neurosen? Ist das eine Blumensorte?

Reporter: *(hastig)* Gibt es bei Ihnen Skandalprozesse? Callgirls? Rauschgiftsüchtige? Bundesstraßen? Graffitisprayer? Geldwäscher? Triaden?

Venusier: Das kenne ich leider alles nicht.

Reporter: *(erschüttert)* Aber Sie ängstigen sich doch vor Radioaktivität? Fettleibigkeit? Innerer Leere?

Venusier: Diese Begriffe sind mir leider unbekannt.

Reporter: Unbekannt! Er kennt nichts von alledem! Wir haben uns also vorhin geirrt, liebe Fernsehzuschauer: Venusier sind wohl doch ausgesprochene Primitive ...

(Musik)

(Blackout)

Im Raketenzeitalter

Er
Sie

Die Szene ist kahl. So kahl, daß sie unseren Vorstellungen vom Raketenzeitalter genügt.

Sie: Und komm abends nicht wieder so spät nach Hause. Wohin fliegst du?

Er: *(im Raumanzug)* Auf den Merkur ... ein paar Merkurorte besuchen.

Sie: Ach. Und dann amüsierst du dich wieder heimlich auf der Venus.

Er: Unsinn. Luise. Früher warst du nie so eifersüchtig. Zu ärgerlich ... meine Rakete springt in den letzten Tagen wieder so schlecht an.

Sie: Kein Wunder. Wir haben ja auch die mickrigste Rakete der ganzen Gegend. Bullhaupts fliegen eine 300 SE, und Schünemanns haben eine Super Sport mit hard top. Wenn wir nur ein bißchen repräsentieren wollen, kaufen wir uns eine Saturn Rekord. Die Volksraketenaktien sind übrigens auch wieder gefallen.

Er: Vielleicht können wir uns nächstes Jahr eine neue 1 500er leisten.
(er gibt ihr einen Abschiedskuß)
Tschüs, Liebling.

Sie: Rase nicht so. Und paß auf. Im Quadranten E 605 ist ein Komet gemeldet.

Er: *(ab)*

Wir hören eine Explosion und sehen eine Staubwolke, die uns die Sicht nimmt.
Die Rauchwolke verzieht sich, die Garage ist leer. Wir hören die sich entfernende Rakete.

Sie: *(blickt der Rakete nach. Verärgert ruft sie)* Immer diese Kaltstarts! Und dann wundert er sich, wenn er Ärger mit der zweiten Stufe hat!

(sie ruft ihm nach) Und rase nicht wieder so! Hörst du …?

(Blackout)

Im Gerichtssaal

Richter
Er
Luises Stimme

**In einem kleinen Gerichtssaal.
Er steht vor der Angeklagtenbank. Der Sketch
schließt unmittelbar an den vorhergehenden
an.**

Luises Stimme: *(über Hall)* Und rase nicht wieder so! Hörst du …

Richter: Angeklagter, geben Sie zu, am 5. dieses Monats
einen Raketenomnibus im Abstand von nur
3 000 km überholt, ihn geschnitten und dabei noch
geschrammt zu haben?

Er: Jawohl, Herr Rat!

Richter: Wie begründen Sie dieses unglaubliche Verhalten?

Er: Ich hatte schlechte Sicht, hohes Gericht. Es war
gerade Mondfinsternis!

Richter: Verschlechtern Sie Ihre Lage nicht durch Ausreden!
Warum nahmen Sie keine Radarortung vor?

Er: Es herrschte eine so starke Sonnenfleckentätigkeit,
daß mein Radargerät Fehlanzeigen hatte!

Richter: Angeklagter, ich ermahne Sie, bei der Wahrheit zu
bleiben! Warum sind dann bei der Untersuchung
des Zusammenstoßes *(blickt auf die Unfallskizze)*
500 km Bremsspuren gemessen worden?

Er: Ich weiß nicht, hohes Gericht!

Richter: Dann will ich es Ihnen sagen: weil Sie 1,6 Promille
                   Alkohol im Blut hatten. Wissen Sie das auch noch zu
                   erklären?

Er: Jawohl! Ich mußte mit flüssigem Treibstoff fliegen
                   und die Alkoholdämpfe einatmen, die...

Richter: Jetzt langt es mir aber! Herr Vater, wie kommt es
                   dann, daß Sie in einer Flensburger Himmelssünder-
                   kartei bereits dreimal eingetragen sind: einmal
                   wegen Starts mit 110 Phon, einmal wegen falschen
                   Parkens auf der Venus, einmal wegen verschmutzten
                   Nummernschildes...

Er: *(trotzig)* Das war Meteorstaub!

Richter: Sie haben immer nur Pech! Ich halte diese ständigen
                   Verstöße gegen die Raumordnung für typisch. *(er
                   steht auf)*

Richter: Im Namen der Völker. Herr August Vater wird wegen
                   grobfahrlässigen Verhaltens im Weltall und wegen
                   Trunkenheit an der Düse zum Entzug des Raketen-
                   führerscheines auf ein Jahr und zu drei Monaten
                   Haftstrafe auf dem Mars ohne Bewährung verurteilt.
                   Die Sitzung ist geschlossen!

                   (Sphärenmusik)

                   (Blackout)

In der Weltraumrakete
Am Tag danach

Professor
Ingenieur
Lilly
Mutter
Erwin

**Im Innern einer großen Rakete. Raketengeräusche sind zu hören. Ein Papp-Halbrund mit Sitzen, Instrumenten und einem Bullauge, vor dem erst Wolkenfetzen, dann Sterne und Kometen vorbeiflitzen. Es bleibt der Phantasie der Mitspieler überlassen, dem Publikum einen Eindruck davon zu verschaffen.
An Bord befinden sich der Professor – mit Brille und Gelehrtenhabit –, sein Ingenieur – der zweite Reisebüroangestellte –, Lilly – die Reisebüroangestellte –, die Mutter und ein kleiner Junge. Das Herumhantieren mit Alltagsdingen verstärkt die Absurdität der Handlung.**

Professor: Die Rakete ist gestartet! Auf der ellipsoiden Tangente, wie ich es berechnet hatte. Sind die Büsten von Arnold Schwarzenegger und Claudia Schiffer an Bord?

Ingenieur: *(kramt in seinem Rucksack und zückt einen Flaschenöffner in Form einer weiblichen Figur)* Alles in Ordnung, Professor!

Professor: Proviant da?

Ingenieur: Fünfzig Büchsen Neptunfisch extra.

Professor: Unser Kurs?

Ingenieur: *(blickt aus dem Bullauge)* 371 Grad 15 Minuten Fahrenheit.

Professor: Gut. Hemisphärendruck?

Ingenieur: 0,63 Tonnen pro Pferdestärke.

Professor: Somit hätten wir die Anziehungskraft der Erde überwunden. Wir sind gerettet, liebe Freunde! Als einzige von fast drei Milliarden Menschen!

Ingenieur: Jawohl, gerettet!

Lilly: *(drückt dem verwirrten Professor einen Kuß auf)* Professorchen, das haben Sie chic gemacht! Eine Weltraumfahrt ist ja rasend interessant! Auf unserem neuen Planeten gründen wir beide ein neues Menschengeschlecht.

Professor: *(erschrocken)* Warum gerade wir beide?

Lilly: Unsere Kinder erben dann meine Schönheit und Ihre Intelligenz!

Professor: *(knurrt)* So! Und wenn es nun umgekehrt kommt?

Mutter: Professor, ich bin Ihnen so dankbar. Mein Erwinchen darf noch am Beginn eines neuen Lebens teilhaben –

Ingenieur: Sprechen Sie nicht soviel, der Professor muß denken!

Lilly: *(zum Ingenieur)* Wohin reisen wir denn nun, Doktorchen? Ich möchte rasend gern zum Pluto. Meine Freundin schwärmt so von plutonischer Liebe.

Ingenieur: *(beschäftigt)* Soso.

Lilly: Oder zum Saturn. Ich würde sofort in einen Saturn-verein eintreten.

Professor: Meine Herrschaften, wir wissen noch nicht, wo wir landen werden. Das wird sich in ein, zwei Jahren herausstellen.

Ingenieur: *(aufgeregt)* Achtung Kurswechsel: sieben Minuten 72 Sekunden. Wir müssen die Bahntangente wech-seln. Komet voraus!

Lilly: Ein Komet? Wie schick! *(singt)* Komet nach Varaszdin …

Ingenieur: Halt den Mund, Lilly. Sonst schmeiß ich dich raus!

Mutter: Sind wir wirklich die einzigen, die sich retten konn-ten?

Professor: Ja, liebe Frau. Die Erde wird gerade von den Tele-visioniden überfallen, 25 000jährigen Uranier, Radar-augen, Zellteilung, überaus gefährlich.

Erwin: *(zum Bullauge hinausblickend)* Herr Professor. *(will durch heftiges Gestikulieren Aufmerksamkeit erre-gen)* Da überholt uns eine Rakete!

Professor: Ah … das Raketchen von Heilbronn. Tüchtig, diese Schwaben. Haben sich also auch noch retten kön-nen.

Ingenieur: *(schüttelt verwundert den Kopf)* Dachte schon, wir seien die letzten gewesen, die von Cap Karneval starten konnten.

Erwin: *(niest schrecklich)*

Mutter: Erwinchen! Herr Professor, was hat der Junge?

Professor: Was wird er schon haben? Einen Sternschnuppen. Das ist die Weltraumkälte. Blick nur ins All, mein Junge, und sei schön artig.

Erwin: Ja, Herr Professor! Ich sehe Sterne! Und da die Sonne! Mutter, gib mir die Sonne!

Mutter: Scht, Erwinchen, laß die Herren steuern!

Erwin: *(niest abermals)*

Mutter: Haben Sie ein Tempo?

Ingenieur: Tempo haben wir: Dritte kosmische Geschwindigkeit.

Professor: Da ist der Mond. Achtung, Quecksilberturbinen zur Zwischenlandung anwerfen, Radius verkleinern, Gegendüsen einschalten. Was haben Sie, Ingenieur?

Ingenieur: *(erregt)* Die Atompillen, Herr Professor, wo sind die Atompillen?

Professor: Ja, wo waren sie denn?

Ingenieur: *(sucht fieberhaft)* Hier in der kleinen Schachtel auf dem Wandbord! Unser gesamter Betriebsstoff!

Lilly: Ich habe sie nicht!

Mutter: Ich auch nicht!

Ingenieur: Dann sind wir verloren. Wir kreisen als Mond des Mondes um den Mond und mit ihm um die Erde und somit um die Sonne! Jahrelang! Millionen Jahre sogar! Wir gehen dauernd auf und unter! Erwinchen, hast du die kleine Schachtel gesehen?

Erwin: Die Schachtel?

Ingenieur: Ja!

Erwin: *(strahlend)* Meinst du die Schachtel mit den schönen Hustenbonbons, Onkel?

(Vielstimmiger Aufschrei)

(Blackout)

KAPITEL 4

Das Auto – unser liebstes Kind

Das Problem

Schnell
Sachte

Schnell und Sachte treffen sich irgendwo in der Stadt.

Schnell: *(abgehetzt)* Hallo!

Sachte: Na endlich. Also sagen Sie mal … eine halbe Stunde zu spät … und mit Taxi …

Schnell: Entschuldigen Sie die Verspätung. Ich hatte mit meiner Frau einen Zusammenstoß!

Sachte: Deswegen müssen Sie doch nicht so deprimiert sein. Sowas soll in einer Ehe öfter mal vorkommen.

Schnell: Sie mißverstehen mich! Ich hatte mit meiner Frau keinen Zusammenstoß, sondern einen Zusammenstoß! Einen echten! Mit dem Auto!

Sachte: Wie soll ich das verstehen?

Schnell: In seiner ganzen Schrecklichkeit! Wir sind drei Straßenecken von unserer Wohnung entfernt zusammengeprallt! Mein Erstwagen mit ihrem Zweitwagen! Ein Unfall, der in der Familie bleibt!

Sachte: *(bewegt)* Das ist wahre Tragik. Und wer hatte die Schuld?

Schnell: *(selbstverständlich)* Meine Frau natürlich! Aber ist das vielleicht ein Trost? Mein Wagen ist mein Wagen, und ihr Wagen ist auch mein Wagen! Ich habe mich gewissermaßen selbst gerammt.

Sachte: Also das ist schlimm.

Schnell: Es kommt noch schlimmer. Zu allem Unglück war augenblicklich ein Polizist zur Stelle. Der Unglückswurm hörte gerade noch, wie ich ausstieg und meiner Frau zurief: „Mußt du unbedingt so idiotisch fahren?" Stellen Sie sich vor, was jetzt passierte! Der Polizist eilte auf meine Frau zu und sagte: „Ich habe diese Beleidigung mit angehört. Wollen Sie den Herrn verklagen?"

Sachte: Der Unglückliche.

Schnell: *(wird immer aufgeregter)* Ja. Meine Frau stieß ihn zurück und schrie mir zu: „Wieso, das war natürlich deine Dämlichkeit. Warum fährst du auch so vertrottelt geistesabwesend?"

Sachte: *(voller Mitgefühl)* Jetzt sagte der arme Polizist vermutlich zu Ihnen, Sie könnten die Dame wegen Beleidigung verklagen.

Schnell: Genau. Ich würdigte ihn keines Blickes und schrie: „Du! Du! Dir hätte man überhaupt keinen Führerschein geben sollen!"

Sachte: Und der Polizist?

Schnell: Rief flehend: „Müssen sich die Herrschaften denn unbedingt duzen? Sie scheinen doch beide aus gutem Hause zu sein und trotzdem..."

Sachte: Köstlich.

Schnell: Wir würdigten ihn keines Blickes und schrien uns weiter an. Es war unser genußvollster Ehekrach. Noch nie hatten wir vierzig bis fünfzig Zuhörer gehabt, in dreißig Ehejahren noch nicht. Schließlich geriet ich so in Wut, daß ich dem Wagen meiner Frau einen Tritt versetzte.

Sachte: Und der Polizist?

Schnell: Sagte zu meiner Frau: „Jetzt können Sie den Herrn auch noch wegen Sachbeschädigung verklagen."

Sachte: Und was taten Sie?

Schnell: Ich reichte ihm meinen Ausweis, meine Frau reichte ihm die Zulassung ihres Wagens, die auf meinen Namen ausgestellt ist – wegen der Steuer.

Sachte: Und was geschah dann?

Schnell: Der Polizist erkannte, daß mir der gegnerische Wagen gehörte. Er bekam glasige Augen und war sicherlich kurz davor, sich krank zu melden.

Sachte: Ein vom Schicksal Geschlagener. Haben Sie ihn aufgeklärt?

Schnell: Sofort. Er war kurz vor dem Nervenzusammenbruch, als meine Frau und ich uns versöhnten und herzlich küßten. Wir waren ja froh, daß uns nichts passiert war. Da gestanden wir ihm, daß wir verheiratet sind. Da erholte er sich zusehends. Aber das Protokoll – es dauerte zwei Stunden, bis es ausgefüllt war.

Sachte: Wenn einer von Ihnen angeklagt wird und der andere als Zeuge erscheint, kann er doch nicht beschwören, mit dem Angeklagten weder verschwägert noch verwandt zu sein?

Schnell: *(seufzt)* Richtig. Außerdem, wann soll ich mich freuen? Wenn ich schuldig gesprochen werde, ist es Essig. Wenn meine Frau die Schuld kriegt, bin ich doch aber genauso verzweifelt!

Sachte: Sie sollten gemeinsam ins Ausland fliehen.

Schnell: Das sollten wir. Wenn ich allein an die Versicherungsprobleme denke! Meine Versicherungsgesellschaft ist die gegnerische, und die gegnerische ist die meine! Meine eigene Versicherungsgesellschaft wird sich miteinander streiten, wer die Kosten zu tragen hat. Wenn ich gewinne, zahlt meine Frau die Kosten, wenn ich verliere, zahle ich sie, aber letztlich zahle ich sie auch, wenn ich gewinne, da ich ja meiner Frau das Geld geben muß, das sie mir zu geben hat.

Sachte: Ich möchte nicht an Ihrer Stelle sein, Sie Beklagenswerter.

Schnell: Nun ja. Einen Lichtblick hat die Angelegenheit mit ihrer verzwickten Problematik. Es muß doch ein Genuß sein, einmal im Leben die Justiz in eine Zwickmühle zu bringen.

Sachte: Wie wollen Sie das erreichen?

Schnell: Ganz einfach. Mein großer Wagen hat den kleinen Wagen meiner Frau – der mir ja auch gehört – erheblich beschädigt.

Sachte: Na und?

Schnell: *(strahlend)* Na hören Sie! Morgen verklage ich mich selbst auf Schadenersatz!

(Blackout)

Der Anhalter

Sachte
Schnell

Wie schon im vorigen Sketch treffen sich Sachte und Schnell irgendwo in der Stadt.

Sachte: Na, Sie sehen aber mitgenommen aus!

Schnell: Ja – weil ich einen mitgenommen habe.

Sachte: Einen Anhalter?

Schnell: Ja. Es war ein schreckliches Erlebnis.

Sachte: Sehen Sie! Ich stehe immer auf dem Standpunkt: nur keinen Fremden mitnehmen. Stellen Sie sich vor, es passiert was …

Schnell: Aber die Anhalter versichern einem immer …

Sachte: Deshalb sind Sie noch lange nicht versichert! Nein, nein. Dieses Risiko.

Schnell: Daran denkt man vor lauter Mitleid nicht. Stellen Sie sich vor, ein alter Mann steht am Straßenrand mit einem Schild: Student nach Rom …

Sachte: Ich bitte Sie! Diese Studenten haben doch nie einen Hörsaal von innen gesehen!

Schnell: Weil sie so lange am Straßenrand warten müssen?

Sachte: Nein! Weil sie gar keine Studenten sind!

Schnell: *(betroffen)* Auf die Idee wäre ich nie gekommen.

Sachte: *(triumphierend)* Sehen Sie. Nein, nein, bloß keine Anhalter. Die halten einen nicht nur an, die halten einen auch auf!

Schnell: Ja, das stimmt. Ich wollte ja auch niemand mitnehmen. Aber der Mann sprang mir einfach vors Auto, als ich nicht anhalten wollte.

Sachte: Nicht möglich! Hat er sich wenigstens dafür entschuldigt?

Schnell: Eigentlich nicht. Er sagte nur vorwurfsvoll: „Beinahe hätten Sie mich überfahren! Reaktionsschnell sind Sie ja nicht gerade, aber wenn Sie versprechen, vorsichtig zu fahren, komme ich mit."

Sachte: Sie haben den unverschämten Burschen natürlich stehen lassen!

Schnell: Nein, nein … ich wollte ihm doch beweisen, daß ich fahren kann. Ich ließ ihn also einsteigen.

Sachte: Wollte er denn auch nach Frankfurt?

Schnell: Nein, nach Würzburg. Aber er sagte mir, das sei gar nicht weit von Frankfurt, und den kleinen Umweg könne ich ihm zuliebe doch wohl machen.

Sachte: Und das haben Sie wirklich gemacht?

Schnell: Ich bin schließlich kein ungefälliger Mensch …

Sachte: Donnerwetter. Hat er sich denn wenigstens manierlich betragen?

Schnell: Leider hatte er ganze Lehmklumpen an den Schuhen ... er muß wohl lange im Regen gestanden haben. Die Wagenreinigung kostete jedenfalls nachher sechzig Mark.

Sachte: Eine teure Gefälligkeit. Hoffentlich war er wenigstens ein angenehmer Reisebegleiter.

Schnell: Das eigentlich weniger. Ich wollte so gerne Radio hören, aber er meinte, das Gedudel ginge ihm auf die Nerven, und ich sollte mich schämen, so oberflächliche Schlager zu hören.

Sachte: Und da haben Sie ihn nicht sofort rausgeschmissen?

Schnell: Nein, ich habe das Radio abgestellt. Schließlich handelt es sich um eine Art Gastfreundschaft ...

Sachte: Ich sehe die Sache zwar anders. Aber bitte ... wenn er ein guter Unterhalter war...

Schnell: Das eigentlich weniger. Er machte mir dauernd Vorhaltungen über meine Fahrweise. Mal fuhr ich ihm zu schnell, mal zu langsam, und als ich mal einen Laster mit Mühe überholte, fragte er mich zynisch, ob ich überhaupt einen Führerschein hätte.

Sachte: Und da haben Sie ihn nicht sofort rausgeschmissen?

Schnell: Nein, ich habe ihm meinen Führerschein gezeigt. Der Mann soll schließlich keinen schlechten Eindruck von mir kriegen.

Sachte: Sie haben ein Gemüt! Hoffentlich war er sonst bescheiden.

Schnell: Weniger. Er hat mir mit einer von meinen eigenen Zigaretten ein Loch in den Sitzbezug gebrannt.

Sachte: Und da haben Sie ihn nicht sofort rausgeschmissen?

Schnell: Nein. Er sagte, wenn ich mir einen anständigen Kunststoffbezug gekauft hätte, dann hätte das nicht passieren können.

Sachte: Ich verstehe nicht, daß Sie ihn überhaupt rauchen ließen ... bei Ihrem Husten ...

Schnell: Ach, das war nicht so schlimm. Schlimmer war, daß er verlangte, ich solle sämtliche Fenster schließen, es zöge ihm zu sehr. Ich bin natürlich fast erstickt, Sie wissen, ich bin Frischluftfanatiker ...

Sachte: Ihre übertriebene Menschenfreundlichkeit geht mir langsam auf die Nerven.

Schnell: Ein Anhalter ist auch ein Gast.

Sachte: Wahrscheinlich haben Sie auch noch Ihren Proviant mit ihm geteilt ...

Schnell: Ja, ja ... aber die Brote schmeckten ihm gar nicht. Er fragte mich ärgerlich, ob meine Frau geizig sei, weil sie die Stullen so dünn schmiere ...

Sachte: Und da haben Sie ihn nicht sofort rausgeschmissen?

Schnell: Nein, ich habe ihm natürlich erklärt, daß ich aus gesundheitlichen Gründen nicht viel Fett essen dürfe. Dafür sind wir dann in die Raststätte essen gegangen.

Sachte: Dazu hat er Sie hoffentlich eingeladen ...

Schnell: Wieso – er war doch mein Gast. Hinterher fragte er mich spöttisch, ob ich immer so wenig Trinkgeld gäbe ...

Sachte: Und da haben Sie ihn nicht sofort rausgeschmissen?

Schnell: Ich kann doch auf offener Autobahn nicht anhalten. Viel mehr hat mich ja gekränkt, daß er so auf mein Auto schimpfte. Wenn ich mir in meinem Alter nichts Besseres anschaffen könne, würde ich es nie zu etwas bringen, sagte er höhnisch...

Sachte: Und da haben Sie ihn...

Schnell: Der Gast ist heilig, Herr Sachte. Viel schlimmer war ja, daß er mir stundenlang von seinen drei Ehen erzählte, die mich überhaupt nicht interessierten.

Sachte: Aber danach hat er hoffentlich den Mund gehalten?

Schnell: Das eigentlich weniger. Er fragte mich über meine Privatverhältnisse aus... in einer Art, die beinahe einem Verhör gleichkommt. Ich habe ihm natürlich nicht alles erzählt.

Sachte: Na, in Würzburg sind Sie ihn aber hoffentlich losgeworden.

Schnell: Das eigentlich weniger. Es dauerte noch zwei Stunden, bis wir alle Umleitungen passiert hatten.

Sachte: Ich verstehe Sie nicht. Sie machen sich solche Umstände für einen so undankbaren Kerl. Das hätte ja schließlich auch ein Mörder, Dieb oder Einbrecher sein können.

Schnell: Nein, nein, ehrlich war er. Grundehrlich. Das sehe ich einem Menschen auf den ersten Blick an.

Sachte: Na, dann haben Sie noch Glück gehabt. Dafür sind Sie sicherlich spät in der Nacht nach Frankfurt gekommen.

Schnell: In der Nacht? *(bitter)* Erst am nächsten Tage!

Sachte: Wie denn das?

Schnell: Als ich in Würzburg tanken wollte, merkte ich, daß ich gar kein Geld mehr hatte.

Sachte: Kein Geld mehr? Wie denn das?

Schnell: Ja wissen Sie ... der Anhalter muß aus irgendeinem dummen Versehen heraus meine Brieftasche mitgenommen haben ...

(Blackout)

Parkplatznöte

Schleich
Rasemann

Die beiden Herren treffen sich vor einem Lokal.

Schleich: Herr Rasemann – wie sehen Sie denn aus!

Rasemann: Geschafft!

Schleich: Sind Sie soviel zu Fuß gelaufen?

Rasemann: Nein, Auto gefahren!

Schleich: Und das ist so anstrengend?

Rasemann: Nein! Aber das Parken! Heutzutage kauft man ein Auto, und dann versucht man täglich ein paar Stunden lang, es wieder loszuwerden!

Schleich: War das wirklich so schlimm?

Rasemann: Schlimm? Verheerend! Parken ist heutzutage der Stein des Tantalus! Das Sofa des Prokrustes! Heute kam ich mir vor wie der fliegende Belgier! Ich habe keine Ruhe gefunden.

Schleich: Der fliegende Holländer!

Rasemann: Kann auch sein. Jedenfalls war es ein Schiff aus den Beneluxstaaten, das nie zur Ruhe kam.

Schleich: Also, nun erzählen Sie mal der Reihe nach!

Rasemann: Ich hatte eine dringende Konferenz. Natürlich im Stadtzentrum. Konferenzen sollten heutzutage nur noch in Kuhdörfern stattfinden!

Schleich: Sie meinen, dann würden die Konferenzteilnehmer nicht von den Verlockungen der Großstadt abgelenkt?

Rasemann: Nein, aber dann würden die Konferenzteilnehmer Parkplätze finden!

Schleich: Ach was, mit einiger Mühe …

Rasemann: Das sagen Sie! Als ich ankam, waren alle öffentlichen Parkplätze besetzt. Das Parkhaus war durch eine Umleitung abgeschnitten. Die Tankstelle wollte mich nur nehmen, wenn ich auch tanke.

Schleich: Warum haben Sie dann nicht getankt?

Rasemann: Weil, zum Kuckuck, der Tank voll war!

Schleich: Dann hätten Sie eben einfach noch ein paar Liter verfahren müssen!

Rasemann: Ein paar Liter! Das hätte Stunden gedauert!

Schleich: Na, eine Parkuhr wird doch noch frei gewesen sein.

Rasemann: Soll ich vielleicht jede Stunde die Konferenz unterbrechen lassen, um Geld nachzuwerfen? Wahrscheinlich hätten sie mir dann den Vorsitz entzogen!

Schleich: Dann mieten Sie sich doch einen Studenten, der immer rund um den Häuserblock fährt! Das tun heutzutage Tausende!

Rasemann: Deshalb lernen die Studenten ja auch nichts! Ich finde es verantwortungslos, unseren wissenschaftlichen Nachwuchs aus den Hörsälen zu locken, nur damit er Autos rund um den Häuserblock fährt! Außerdem war im Augenblick keiner greifbar.

Schleich: Dann verkaufen Sie doch einfach den Wagen vor dem Betreten des Hauses, und wenn Sie wieder rauskommen, kaufen Sie sich einen neuen. Das tun heutzutage Hunderte!

Rasemann: Jaja, das mag schon recht praktisch sein, aber es dauert ja auch Stunden. Dieser Papierkram und die Umschreibung der Zulassung nehmen doch jedesmal recht viel Zeit weg.

Schleich: Wie wär's denn dann, wenn Sie mit dem Taxi fahren würden?

Rasemann: Taxi? Ausgeschlossen! Das ist doch witzlos! Wozu habe ich denn einen Wagen!

Schleich: Ja ja ... das stimmt nun auch wieder. Was haben Sie denn nun aber getan?

Rasemann: Ich habe da geparkt, wo Halteverbot stand.

Schleich: Na und? Das geht doch sehr gut, das tun heutzutage Tausende.

Rasemann: Das schon. Leider handelte es sich um die Ausfahrt eines Feuerwehrdepots.

Schleich: Das ist nun allerdings nicht so günstig.

Rasemann: Ich bitte Sie ... ich dachte, in den paar Stunden wird schon nichts passieren, weswegen die Feuerwehr ausrücken muß.

Schleich: Na und? Mußte sie ausrücken?

Rasemann: Das nicht. Aber als ich eine halbe Stunde später aus dem Fenster sah, war gerade ein Kranwagen dabei, mein Auto abzuschleppen.

Schleich: Das ist natürlich wieder günstig.

Rasemann: Günstig? Wieso?

Schleich: Wenn Ihr Auto abgeschleppt wird, braucht es doch kein Benzin zum Fahren!

Rasemann: Sie sind ein Herzchen! Ich kann Ihnen sagen, es war eine teure Angelegenheit. Das Abschleppen und der Strafbescheid... ein mittlerer Lottogewinn!

Schleich: Also weiter! Haben Sie denn dann einen Platz zum Parken gefunden?

Rasemann: Ja! Auf den Schienen einer totgelegten Straßenbahnlinie!

Schleich: Na, das ist ja großartig!

Rasemann: Nein, wie sich dann herausstellte, war es nicht so großartig. Als ich zum Fenster raussah, merkte ich, daß die Linie gar nicht stillgelegt war. Hinter meinem Wagen warteten sechsundvierzig Straßenbahnzüge. Und natürlich war die Polizei war schon wieder im Anrücken.

Schleich: Das ist ja schrecklich! Aber mit etwas Geduld wird man doch irgendwo eine Parklücke finden!

Rasemann: Das habe ich dann auch. Leider war die Lücke so eng, daß ich die Nachbarn zur Linken und zur Rechten angebufft habe.

Schleich: Da sind Sie doch hoffentlich schnell wieder wegge-
fahren! Sonst gibt's für das Jahr keine Versiche-
rungsprämie!

Rasemann: Tja ... ehrlich muß man sein. Ich habe also hinter die
Windschutzscheiben meine Visitenkarte gesteckt.
Allerdings so lose, daß sie vom nächsten Windstoß
weggeblasen werden mußte.

Schleich: Meinen Sie, daß das der Fall war?

Rasemann: Todsicher. Heute vormittag hatten wir Windstärke
acht.

Schleich: Das beruhigt mich! Was taten Sie dann?

Rasemann: Ich stellte mein Auto einfach vor einem Wagen ab,
der aussah, als würde er längere Zeit parken.

Schleich: Na also!

Rasemann: Leider wollte der Mann weg, kurz nachdem ich den
Wagen abgestellt hatte. Als ich in der Mittagspause
runterkam, versetzte er mir einen Kinnhaken.

Schleich: Ach deshalb! Und ich dachte schon, Sie haben ein
Doppelkinn gekriegt.

Rasemann: Nein, nein. Es kam alles von der Suche nach dem
Parkplatz.

Schleich: Haben Sie denn nun schließlich einen gefunden?

Rasemann: Ja. Ich habe mir überlegt, daß in nächster Nähe des
Konferenzortes doch nichts zu machen ist, fuhr ein
Stück weiter und stellte den Wagen mühelos ab.

Schleich: Na also!

Rasemann: Ich merkte mir den Weg, den ich zu gehen hatte: erst links, dann rechts, dann wieder zweimal links um die Ecke, einen Platz überqueren, rechts abbiegen, dann durch eine Passage, und da war es schon.

Schleich: Großartig. Und wo ist der Wagen jetzt?

Rasemann: Jetzt lasse ich ihn durch eine Zeitungsannonce suchen!

(Blackout)

Der Zusammenstoß

Schleich
Rasemann

Schleich und Rasemann treffen sich in einer Kneipe.

Schleich: Herr Rasemann! Was ist denn mit Ihnen? Sie sehen aber schlecht aus!

Rasemann: Natürlich sehe ich schlecht aus. Ich bin Autofahrer. Was man da so erlebt ...

Schleich: Wieso? Was gibt es Neues?

Rasemann: Ich hatte einen Zusammenstoß.

Schleich: Das ist doch nichts Neues.

Rasemann: Das ist auch nichts Neues. Aber die Begleitumstände waren so merkwürdig. Das hätten Sie mal erleben müssen.

Schleich: Also. Sie hatten einen Zusammenstoß.

Rasemann: Ja. Ich stemme mich ja bei Zusammenstößen schon gewohnheitsmäßig so gegen Lenkrad und Pedale, daß mir nicht viel passiert. Aber der Wagen sieht aus wie eine Ziehharmonika, die man von der Seite betrachtet.

Schleich: Na und? Hatten Sie Schuld?

Rasemann: Schuld, was heißt Schuld? Natürlich kam der andere von rechts, und ich habe ein läppisches Dreiecksschild übersehen, aber Vorfahrt ist schließlich kein absolutes Recht!

Schleich: Immerhin, vorsehen sollten Sie sich!

Rasemann: Was heißt vorsehen! Der andere Fahrer war jünger als ich. Der hätte sich ruhig etwas höflich benehmen und dem Alter den Vortritt lassen können!

Schleich: Das ist Ansichtssache.

Rasemann: Das ist nicht Ansichtssache, sondern eine Erziehungsfrage. Sie können in jedem Knigge nachlesen, daß der Jüngere den Älteren vorbeiläßt.

Schleich: Die Straßenverkehrsordnung basiert nun mal nicht auf dem Knigge!

Rasemann: Leider, kann ich nur sagen, leider.

Schleich: Um wieviel war der andere denn jünger als Sie?

Rasemann: Um ein, zwei Jährchen bestimmt!

Schleich: Ja dann allerdings. Sie haben völlig recht. Und was passierte nach dem Krach?

Rasemann: Ich stieg aus, holte Luft und begann. Ich habe da ein ganz feststehendes Repertoire, jedenfalls für die erste Viertelstunde, dann beginne ich zu variieren, das macht mehr Freude.

Schleich: Der andere brüllte natürlich zurück.

Rasemann: Nein! Das ist es ja! Er lächelte und sagte: „Sehr erfreut, mein Herr, mein Name ist Schlickmack."

Schleich: Das kann doch nicht wahr sein!

Rasemann: Es war wahr! Es war wahrhaftig wahr! So wahr ich hier stehe!

Schleich: Dann war der Mann ein Ausländer!

Rasemann: Aber nein! Ein Landsmann! Ausländer anzuschreien macht nebenbei gesagt nur die halbe Freude, weil sie die meisten Schimpfworte nicht verstehen.

Schleich: Ja, das muß schrecklich sein. Man müßte Ausländern an der Grenze eine Kraftfahrfibel mit Kraftfahrerkraftausdrücken in die Hand drücken, sonst drücken sie sich um die Auseinandersetzung. Aber zurück zu Ihrem Gegner!

Rasemann: Ich brülle zurück: „Sie haben überhaupt nicht erfreut zu sein, Sie …" und dann ein Schimpfwort.

Schleich: Ach das!

Rasemann: Nein, nicht das, ein Schlimmeres.

Schleich: Ach, das!

Rasemann: Ja, das!

Schleich: Sie, das ist aber schon ganz schön happig!

Rasemann: Nicht wahr! Diesen Ausdruck pflege ich sonst erst nach einiger Zeit als Steigerung zu verwenden.

Schleich: Aber nun brüllte er zurück.

Rasemann: Nicht doch! Der Mann blieb immer noch höflich!

Schleich: So ein Heimtücker!

Rasemann: Allerdings. Er sagte ganz leise und herzlich ...

Schleich: Herzlich? Das ist ja ein Halunke!

Rasemann: Nicht wahr! Sagte also herzlich: „Verehrter Herr, wir wollen doch diesen kleinen Unfall nicht tragisch nehmen ..."

Schleich: Eine Unverschämtheit!

Rasemann: Nicht wahr! „... nicht tragisch nehmen, sondern mit Humor tragen. Darf ich Ihnen eine Zigarette anbieten?"

Schleich: Danke, ich rauche nicht.

Rasemann: Wieso Sie! Das sagte der Mann zu mir!

Schleich: Ach er zu Ihnen! Das ist ja ein Lümmel!

Rasemann: Nicht wahr! Ich wandte natürlich sofort einen Fluch an, bei dem ich selber noch rot werde, um eine vernünftige Auseinandersetzung in Gang zu bringen.

Schleich: Und nun fluchte er endlich zurück!

Rasemann: Nicht doch. Er lächelte wieder sanft und meinte: „Ich kann ja verstehen, mein Herr, daß Sie ein wenig erregt sind, aber wir wollen die Sache doch friedlich ..."

Schleich: Friedlich!

Rasemann: „... friedlich und mit Anstand regeln."

Schleich: Ja so ein Spielverderber! Ein Sittenstrolch! Die Staatsbürgerschaft sollte man ihm entziehen! So ein Verhalten ist doch undeutsch!

Rasemann: Nicht wahr! Ich bin Ihnen so dankbar, Sie verstehen mich.

Schleich: Na hören Sie! Natürlich. Das müssen ja qualvolle Minuten für Sie gewesen sein.

Rasemann: Allerdings. Ich gab nunmehr mein Äußerstes. Ich stieß eine derart derbe, nein, sagen wir lieber unflätige Verwünschung aus, daß die umstehenden Mütter ihren Kindern die Ohren zuhielten und ein vorbeigehender Seemann einen Ohnmachtsanfall erlitt.

Schleich: Sehr gut. Nun zielte er endlich mit einem Schraubenschlüssel nach Ihnen!

Rasemann: Nein! Im Gegenteil! Er sagte zu mir: „Lieber Freund, wir wollen doch nicht ausfallend werden, in dem Restaurant da drüben bespricht sich alles bei einer Tasse Kaffee viel gemütlicher."

Schleich: Das kann nicht wahr sein.

Rasemann: Nicht wahr! Es ist aber wahr. Wir können da drin, sagte er weiter, unsere Adressen austauschen –

Schleich: Er sollte lieber Grobheiten austauschen, dieser Dummkopf.

Rasemann: Nichts dergleichen. Ich beschloß, handgreiflich zu werden, um ihm eine menschliche Reaktion zu entlocken, aber da kam schon die Polizei.

Schleich: Endlich! Was geschah weiter?

Rasemann: Die Polizisten sahen, daß ich tobte, wie es sich gehört, er aber lächelte und schwieg. Damit wirkte er natürlich sofort verdächtig.

Schleich: Sie gaben den Polizisten natürlich auch ihr Fett?

Rasemann: Natürlich. Ich schrie: „Jetzt kommen Sie! Nach einer Viertelstunde, wo die Spuren bereits verwischt sind. Nachtwächter sind Sie, keine Wachtmeister!"

Schleich: Glänzend.

Rasemann: Diese Sprache verstanden sie. Einer klopfte mir beruhigend auf die Schulter. An meinem Verhalten merkten sie sofort, daß ich ein gutes Gewissen hatte. Meinen Kontrahenten musterten sie bereits mißtrauisch.

Schleich: Vorzüglich. Der Kerl scheint nicht zu wissen, wie man sich bei Unfällen verhält.

Rasemann: Keine Ahnung hatte er. Ich teilte ihm noch ein paar Tiernamen zu, aber er blieb immer noch höflich. Da nahmen ihn die Beamten sofort in den Polizeigriff.

Schleich: Verständlich.

Rasemann: Ich schrie fortwährend: „Der Bursche hat Schuld an dem Zusammenstoß, er ist ein Verkehrsrowdy!"

Schleich: Und er?

Rasemann: Er sagte bescheiden: „Ich hatte zwar Vorfahrt, aber vielleicht hätte ich den Herrn trotzdem vorbeilassen sollen."

Schleich: So ein Narr! Was geschah?

Rasemann: Man legte ihm natürlich augenblicklich Handschellen an.

Schleich: Handschellen? Wie denn das?

Rasemann: Der war doch ganz augenscheinlich gemeingefähr-
lich.

Schleich: Da haben Sie natürlich recht.

Rasemann: Der Mann wird jetzt auf seinen Geisteszustand
untersucht!

(Blackout)

KAPITEL 5

Ganz schön irre Typen

Der Mann, der auf den Berg will

Herr
Dame

Im Hintergrund – Prospekt oder Versatzstück – Bayerische Bergkulisse, Bergpanorama. Der Herr, in Kniebundhose und Windjacke, einen „Sepplhut" auf dem Kopf und einen orangefarbenen kleinen Wanderrucksack auf dem Rücken, tritt auf und sieht sich suchend um. Respektvoll starrt er auf die Berggipfel, das Bergseil auf seiner Schulter zurechtrückend.

Herr: *(besorgt)* Ich glaub, mein Hamster bohnert. Is det hoch!

Dame: *(im Trachtendirndl, will an ihm vorbeigehen)*

Herr: Grüß Gott!

Dame: Tachchen, junger Mann.

Herr: Wo geht's denn hier zum Berg?

Dame: Da, wo's höher wird.

Herr: Ick meine, zum Schildenstein.

Dame: *(bleibt stehen, betrachtet ihn entgeistert)* Wollen Sie da rauf?

Herr: Klar! Det is meine erste Bergtour!

Dame: Soll wohl auch die letzte sein!

Herr: Wieso?

Dame: Na Sie … Sie Halbschuhtourist!

Herr: Soll ick in Ballettschuhen klettern?

Dame: Nee, aber vernünftig sein. Machen Sie Urlaub hier in Kreuth?

Herr: Mach ick. *(erleichtert)* Endlich 'ne Bayerin, die verständlich deutsch spricht. Von den andern versteh´ ick keen Wort. Sind Sie Einheimische?

Dame: Klar. Aus Kreuth. *(gesteht)* Aber vor zehn Jahren zugezogen. Auch aus 'ne Berggegend.

Herr: Und welche?

Dame: Kreuzberg.

Herr: Kiek mal an. Ick bin aus Rudow.

Dame: *(gibt ihm die Hand)* Anjenehm. *(besorgt)* Und Sie wollen auf'n Schildenstein?

Herr: Ja. Ursprünglich wollt´ ick ja in die Schweiz. Auf die Jungfrau.

Dame: Und warum haben se det nich jemacht?

Herr: Die Jungfrau is überlaufen.

Dame: Aber der Schildenstein is jefährlich! *(mustert den Herrn mit unverhohlener Neugier)* Sind Sie da nich'n bißchen reif für?

Herr: Reinhold Messner klettert ja ooch noch. Und der is drei Jahre älter wie ick.

Dame: Aber der übt ooch schon länger. *(appelliert)* Bleiben Sie doch lieber in Kreuth!

Herr: *(trotzig)* Was soll ick denn da.

Dame: Sammeln Sie Kreuther! Üben Sie Schuhplatteln! Oder Fingerhakeln! Aber 'ne Bergtour is Wahnsinn für Sie. *(deutet auf sein Seil)* Wenn Sie schon ein Seil mithaben, brauchen Sie auch 'nen Karabiner!

Herr: Karabiner? Ick bin doch keen Wilderer!

Dame: Det is'n Haken, zum Festhaken in der Wand.

Herr: Ick will ja nich die Wand hochjehen, sondern auf'n Berg.

Dame: Aber det is lebensjefährlich!!!

Herr: Lebensjefährlich? *(besorgt)* Ick glaub', ick steh' im Wald, und die Rehlein sagen du zu mir.

Dame: *(mahnend)* Junger Mann! Da müssen Se erst durchs Flußbett der Weißach und dann die Wolfsschlucht hoch!

Herr: Gibt's da noch Wölfe?

Dame: Nee, aber det is steil! Da könn' Se abstürzen! Da müssen Se sich an Drahtseilen hochhangeln! Sind Sie denn schwindelfrei?

Herr: *(denkt nach)* Herrgott, wer lügt nich mal im Leben.

Dame: Und sind Sie trittsicher?

Herr: Fragen Sie mal meinen Lehrling. Ick bin im Baujewerbe.

Dame: Aber in der Wolfsschlucht gibt es tosende Wasser-
fälle! Gefährliche Abgründe! *(gibt sich hochdrama-
tisch)* Und bis zum Gipfelkreuz brauchen Sie dreiein-
halb Stunden!

Herr: Gibt´s denn vorher ´ne Alm? *(schwankend)* Mit
Wirtschaft?

Dame: *(glücklich)* Klar! Die Siebenhüttenalm! Jede Menge
Bier!

Herr: *(nachdenklich)* Det klingt jut. Lieber feuchte Füße als
´ne trockene Kehle. *(nach einer Weile)* Gibt´s da
ooch Kühe?

Dame: Kühe gibt´s oben auf der Königsalm.

Herr: Naja, die muß ick nich sehen. Eine Kuh macht Muh,
viele Kühe machen Mühe. Und Jemsen?

Dame: Die stehen oben im Fels. Aber unten in Rottach kriegen Sie Gemseneier zu kaufen.

Herr: Gemsen sind Säugetiere. So doof bin ick nich. Ick
bin aus Rudow.

Dame: Tschuldigung, junger Mann. *(nett)* War nur ´n
Scherz. Also. Wollen Sie nun doch noch auf den
Schildenstein?

Herr: Eigentlich schon. *(forschend)* Wird det ´ne
Erstbesteigung?

Dame: Nee, ick glaube, ´n paar Leute waren schon oben.
Also, denn passen Se auf, daß Sie nich von einem
Wolpertinger gebissen werden.

Herr: Wolpertinger? Was´n das?

Dame: Ein jeheimnisvolles Tier in Bayern, das noch keener jesehen hat. Ne Mischung zwischen Biber, Fuchs und Murmeltier.

Herr: Ick hoffe, die tragen Maulkörbe.

Dame: Mann, wenn Sie Angst haben, gehn se doch nicht uff'n Berg!! Fahrn Se doch nach Rimini!

Herr: *(verschmitzt)* Nee. Beim Urlaub am Meer fallen die Berge flach. Lieber am Busen der Natur als am Arsch der Welt. *(fanatisch)* Ick muß rauf!

Dame: *(beschwörend)* Junger Mann!! Sie… Sie… könn' doch nich mal Bayerisch! Oben auf der Alm vasteht Sie keener!

Herr: Sagen Se mal was Bayerisches.

Dame: Oachkatzlschwoaf.

Herr: *(zuckt zusammen)* Wat?

Dame: Oachkatzlschwoaf! *(recht geläufig)* Oachkatzlschwoaf!

Herr: *(Pause)* Was heißt'n det?

Dame: Eichkätzchenschwanz.

Herr: Und det muß ick wissen, wenn ick in Bergnot bin?

Dame: Det war nur 'n Beispiel! *(flehend)* Ick beschwöre Sie! Bleiben Se unten!!!

Herr: Wie hoch is denn der Schildenstein?

Dame: 1 610 Meter.

Herr: *(winkt ab)* Denken Se mal an den Himalaya. *(will los)* Also, Ahoi!

Dame: *(verzweifelt)* Halt!! Halt!! Bleiben Sie Berlin erhalten! Und Ihrem Arbeitgeber!

Herr: Arbeitet sowieso bald keener mehr. Wir fordern Berufsverbot für alle bei vollem Lohnausgleich.

Dame: Da oben gibt's aber Steinschlag!! Und in der dünnen Luft geht Ihnen die Puste aus!!!

Herr: Ick hab' zwar 'n bißchen Husten, aber die Pumpe is noch janz jut. *(doch ängstlich)* Steinschlag?

Dame: Ganze Steinlawinen! Die donnern von oben runter!!

Herr: *(denkt nach)* Det macht nischt. *(nimmt den Rucksack ab und öffnet ihn)* Ick kann mir schützen. *(holt einen Schutzhelm heraus und setzt ihn auf)* Ick bin nämlich vom Bau.

Dame: Was denn, doch Bergsteiger?

Herr: Nee, bei 'ne Baujesellschaft. Alte Heimat. Pfüat di Gott, Mädelchen!

Dame: *(packt ihn am Arm)* Mann! Ich beschwöre Sie! Bleiben Sie unten! Der Steinschlag ist mörderisch! Die Lawinen! Die werden durch die geringste Erschütterung ausgelöst! Durch einen Fehltritt …

Herr: *(versonnen)* Denn wäre mein Leben von Lawinen begleitet jewesen!

Dame: Durch Gemsen! Wind! Selbst durch einen Schrei oder Ruf, auch Schallwellen können den Steinschlag auslösen …

Herr: *(nachdenklich)* Schallwellen? Wirklich? Irre. *(er muß husten)* Tschuldigung. *(hustet nochmals heftig)*

In diesem Augenblick hören wir anschwellend, donnernd und polternd, immer mächtiger und lauterwerdend, das Geräusch einer Lawine.

Dame: *(dramatisch)* Da …!!! Hab´ich's nicht gesagt …!! Eine Lawine!!!

Herr: *(verwundert)* Nanu. Wie kommt denn det?

Dame: *(gegen den Lärm anschreiend)* Da fragen Sie noch?? *(wütend)* Sie!! Mit Ihrem dämlichen Husten!!

(Blackout)

Der Lügner

Herr Sperber, der Chef
Herr Zechmeister, Angestellter
Kriminalkommissar
Assistent
Herr Schmidt, der Dieb

Ein geöffneter Wandtresor, in dem Unordnung herrscht, die Akten sind verstreut, offenbar sind hier unbefugte Hände am Werk gewesen. Im Büro steht der Chef, Herr Sperber, bedrückt dem Kriminalkommissar gegenüber.

Sperber: Unausdenkbar …

Kommissar: Die bisherigen Ermittlungen weisen eindeutig darauf hin, daß ein Angehöriger Ihres Betriebes in den Fall verwickelt ist, zumindest jemand, der sich hier gut auskennt. Ein Fremder hätte gar nicht …

Zechmeister: *(steht in der Tür)* Guten Morgen, Herr Sperber … *(er entdeckt jetzt erst den Kommissar und den Tresor)* … um Himmels willen …

Sperber: Allerdings. Herr Kommissar, das ist Herr Zechmeister, das ist Kriminalkommissar Kellermann …

Zechmeister: *(erschrocken)* Es ist doch nichts passiert?

Sperber: Leider doch … Sie sehen, der Tresor geöffnet, sämtliches Bargeld verschwunden, wichtige Unterlagen, die uns weit zurückwerfen können, wenn sie den falschen Leuten in die Hände kommen …

Zechmeister: *(reißt die Augen auf)* Das ist ja schrecklich! Haben Sie schon einen Verdacht?!

Kommissar: *(unangenehm)* Wir sind gerade dabei, uns ein Bild zu machen. Sie sind Herr Zechmeister –

Sperber: *(rasch)* Herr Zechmeister ist ein langjähriger Mitarbeiter, Vertrauensperson – über jeden Verdacht erhaben.

Kommissar: *(ungerührt)* Sie haben gestern als letzter das Büro verlassen?

Zechmeister: Tja, so ... gegen neunzehn Uhr dreißig ...

Kommissar: Der Portier sagt aber, Sie seien um neunzehn Uhr fünfzig gegangen ...

Zechmeister: *(nickt)* Ja, das kann auch sein. So ungefähr.

Kommissar: Das ist aber wichtig. Wohin gingen Sie dann?

Zechmeister: In ein Lokal. Kupferpfanne.

Kommissar: Haben Sie dort Zeugen?

Zechmeister: *(arglos)* Ja, natürlich, fünf mindestens, meine ... *(er bricht ab und erschrickt)*

Kommissar: Warum reden Sie denn nicht weiter? Mit wem waren Sie denn dort?

Zechmeister: *(murmelt)* Mit Freunden ... eben Freunden ...

Kommissar: *(übereifrig)* Was für Freunde waren es denn?

Zechmeister: *(verlegen)* Spielt das hier eine Rolle, Herr Kommissar?

Kommissar: *(glaubt auf der Spur zu sein)* Und ob das eine Rolle spielt! Also?

Zechmeister: *(windet sich)* Ich bin da …, äh, in einem Club …

Kommissar: Was für ein Club?

Sperber: *(ebenso verlegen wie besorgt)* Herr Kommissar, ich verbürge mich für meinen Mitarbeiter …

Kommissar: Das interessiert mich jetzt nicht. Was für ein Club ist das? Was tun Sie da?

Sperber: Es ist uns wahnsinnig peinlich, aber es muß wohl gesagt werden: Herr Zechmeister lügt!

Kommissar: Jetzt schlägt's dreizehn! Sie, der Bestohlene, geben selbst zu, daß Ihr Mitarbeiter lügt?

Sperber: Aber doch nur zum Vergnügen!

Kommissar: *(mühsam)* Nur Ruhe. Was heißt, zum Vergnügen?

Sperber: Herr Zechmeister ist im „Club der Lügner". Jeden Mittwoch.

Kommissar: Daß es so etwas gibt! Und da sind Sie Mitglied?

Zechmeister: Nicht nur! Ich bin erster Vorsitzender! Gestern wiedergewählt!

Kommissar: Wiedergewählt!

Zechmeister: *(stolz)* Ja, weil ich der beste Lügner von allen bin. Ich habe die größte Lüge aufgetischt!

Kommissar: *(brüllt Sperber fast an)* Und so etwas stellen Sie als glaubwürdigen Zeugen hin!

Zechmeister: Ich bin geradezu von fanatischer Wahrheitsliebe! Herr Sperber kann das bezeugen …

Kommissar: Als routinierter Lügner?

Zechmeister: Das ist doch nur mein Hobby!

Kommissar: Na also! Sie wissen doch: wer einmal lügt …

Zechmeister: *(betroffen)* Herr Kommissar! Was erlauben Sie sich!

Kommissar: Ich erlaube mir, Ihre Glaubwürdigkeit als Zeuge anzuzweifeln!

Zechmeister: *(in Fahrt)* Herr Kommissar! Ich bin ein grundehrlicher Mensch! Über meine Lippen ist noch nie ein unwahres Wort gekommen!

Kommissar: *(stöhnt, humorlos)* Ich lache mich tot. Und warum sind Sie dann Präsident Ihres Clubs?

Zechmeister: *(mit kindlichem Stolz, unvorsichtig)* Weil ich am besten lügen kann! Von Jahr zu Jahr habe ich mich gesteigert! Die Lügen meiner Clubkameraden konnten mir dieses Jahr nicht einmal das Wasser reichen! *(schaut erwartungsvoll)* Was sagen Sie nun, Herr Kommissar?

Kommissar: *(zu Sperber)* Ich würde sagen: Das genügt. Er ist auch noch stolz darauf!
(zu Zechmeister) Geben Sie zu, daß Sie in Geldnot sind …

Zechmeister: *(in höchster Not)* Herr Kommissar! So wahr ich hier stehe …

Kommissar: Wenn Sie es sagen, klingt das nicht gerade überzeugend!

Zechmeister: Aber ich lüge doch nur privat! Sowas muß man doch trennen können!

Kommissar: *(setzt sich auf einen Stuhl)* Der Himmel stehe mir bei. Herr Zechmeister, Sie machen sich mit Ihren widersprüchlichen Angaben höchst verdächtig! *(schaut auf seine Notizen, steht dann entschlossen auf)* Ich muß Sie vorläufig bitten mitzukommen.

Zechmeister: *(wird blaß)* Ich … Herr Kommissar … Sie ruinieren den Ruf eines anständigen Menschen … eine Festnahme würde ich nicht über…

Aus dem Nachbarraum kommt der Kriminalassistent, der einen Angestellten am Arm festhält und hinter sich herzieht.

Assistent: Chef, die Sache ist gelaufen. Der war's!

Sperber: *(entrüstet, enttäuscht)* Herr Schmidt! Das hätte ich nicht von Ihnen gedacht.

Kommissar: *(ärgerlich, enttäuscht)* Der? Wirklich?

Assistent: Chef, er hat alles zugegeben.

Kommissar: *(zu Zechmeister, mißgünstig)* Na! Da können Sie ja nochmal von Glück sagen.
(zu Schmidt) Aha! Sie! Na. Dann unterhalten wir uns mal nebenan noch ein bißchen ausführlicher.

Der Kommissar, sein Assistent und der Geständige verlassen schweigend den Raum.

Zechmeister: *(murmelt zitternd)* O Gott. Herr Sperber. Das war kein Spaß.

Sperber: *(wütend)* Verdammt noch mal! Sie mit Ihrem Club! Können Sie sich aber auch kein anderes Hobby aussuchen! *(und netter, vertraulich)* Erzählen Sie doch mal! Wie ist es denn gestern abend gelaufen in Ihrem Club?

Zechmeister: Fabelhaft! Wollen Sie vielleicht hören, womit ich Erster geworden bin?

Zechmeister zieht Sperber am Ärmel beiseite und redet auf ihn ein, als müsse er ihm ein Geheimnis anvertrauen.

Zechmeister: In Texas war es im vorigen Sommer so heiß, daß die Eidechsen ins Herdfeuer krochen, um im Schatten der Bratpfanne Kühlung zu suchen…

(Blackout)

Der Buffet-Gast

1. Herr
2. Herr

Ein Stehbankett. Buffet-Atmosphäre, Teller- und Besteckklappern, leises Stimmengewirr.

1. Herr: *(kauend)* Nicht doch! Nicht doch!

2. Herr: Wie bitte?

1. Herr: Der Cocktail von frischen Krebsschwänzen ist ja ganz nett, aber da! Der Helgoländer Hummer-cocktail! Den müssen Sie unbedingt probieren! In solchen Sachen ist der Verband der Kraftfahrzeug-industrie ganz groß.

2. Herr: *(kostet)* Hm… ausgezeichnet.

1. Herr: Dazu schenken Sie sich am besten von dem Serringer Schloß Saarfelser Vogelsang, Eiswein, ein. In guten Weinen ist allerdings die Liga für Umwelt-sauberkeit unübertroffen. Waren Sie schon drüben bei der Tagung der Tiefseeforscher?

2. Herr: Nein, wieso?

1. Herr: Die haben hinreißende Fischgerichte. Schleie blau, Havelzander mit Champignonsauce, Kieler Kutter-scholle mit Speckstreifen. Wie selbstgetaucht.

2. Herr: Haben Sie schon gekostet?

1. Herr: Alles! Leider ist der „Club der Playboys" so sparsam geworden. Hackepeter, Soleier, Harzer mit Schmalz. Aber die Gewerkschaft IG Druck und Steine, Bau und Papier hat diesmal das festlichste Buffet, das ich je erlebt habe. Saal 2. Da gibt es Medaillons von Edellachs, Geflügelsalat Comtesse, getrüffelte Gänseleberpastete und Astorsalat mit englischem Staudensellerie.

2. Herr: Staudensellerie!

1. Herr: Die Herren wollen ja auch etwas Anregendes essen. Also, ich konnte mich kaum bremsen. Dabei war das Essen auf der Tagung der Windelfabrikanten auch nicht übel.

2. Herr: Was gab es denn bei den Windelfabrikanten?

1. Herr: Junge Vierländer Ente „Voisin", Brüsseler Poularde Ecarlate und gekochtes Huhn Madras im eigenen Saft mit Bambussprossen. Dabei hätte ich mich zurückhalten sollen! Das Festbankett der Kybernetiker war hinreißend! Gefüllte Hamburger Stubenküken mit Trüffelreis und Kopfsalatherzen …

2. Herr: Da waren Sie auch?

1. Herr: Ja, Saal 9. Vorher bei der Weltgesundheitsorganisation, aber die ißt viel zu fett. Empfehlen könnte ich Ihnen die Tagung des Internationalen Speditionsringes. Saal 4. Junge steyrische Pute, Holsteiner Kalbsnuß glasiert und Arabisches Lammcurry mit Mandeln.

2. Herr: Wie schaffen Sie das alles?

1. Herr: Nacheinander. Ich notiere mir die Uhrzeit vom Beginn eines Bankettes.

2. Herr: Ach so.

1. Herr: Die Buffets werden allerdings manchmal vor dem
                 offiziellen Beginn gestürmt. Die Menschen sind so
                 disziplinlos.

2. Herr: Ja, Pardon ... aber zu welcher Tagung gehören Sie
                 nun eigentlich?

1. Herr: Ich? Zu keiner!

2. Herr: Ja, was wollen Sie dann hier?

1. Herr: Ick fress' mir durch ...!!

(Blackout)

Super Partyspaß

Playback-Sketche mit Gag-CD: Effekte, Geräusche, fremde Stimmen

Dieser Band bietet flotte Sprüche, bissige Blackouts und freche Gags für alle, die sich per Playback-Verfahren mit fremden Stimmen schmücken wollen.

Von Markus Bär, 80 Seiten, kartoniert, mit CD
ISBN: 3-8159-**0079**-4
Preis: DM 19,90, öS 148,–, sFr. 19.90

Der Spezialist für nützliche Bücher

Stand der Preise 1.10.1995 · Preisänderungen vorbehalten